Konduktive Förderung und Rehabilitation 5

Katalin Szövö-Dostal

Konduktive Förderung und Rehabilitation von A-Z

für Eltern, Angehörige und Praktiker

Konduktive Förderung und Rehabilitation **5**

Katalin Szövö-Dostal

Konduktive Förderung und Rehabilitation von A-Z

für Eltern, Angehörige und Praktiker

⊕ verlag modernes lernen - Dortmund

Alles Leben ist Problemlösen

(Karl R. Popper)

© 2001 verlag modernes lernen, Borgmann KG, D-44139 Dortmund

Herstellung: Löer Druck GmbH, 44139 Dortmund

 Bestell-Nr. 3806 ISBN 3-8080-0418-5

Inhalt

5

Vorwort der Herausgeberin

Konduktive Förderung und Rehabilitation für Menschen mit zerebralen Bewegungsstörungen war vor 5 bis 10 Jahren in den meisten Ländern der Europäischen Union so gut wie unbekannt. Eine Reihe von Projekten und Etablierungsversuchen entwickelten sich seit Mitte der 80er Jahre in Europa vor allem in Großbritannien (Sutton), Deutschland (Weber/Rochel), Belgien (Lebeer/Bawin), Irland, Skandinavien, in jüngerer Zeit auch in Spanien. Schon länger waren vor allem Helga Keil in Österreich und Ester Cotton in England mit dem „Petö-System" befasst. Dieses Fördersystem hat in Ungarn bereits eine Tradition seit 1947. Unser Forschungsprojekt, das im Auftrag des Bundesministeriums für Arbeit und Sozialordnung in den Jahren 1990 – 1992 u.a. durch einen klinischen Modellversuch (Taunusklinik Falkenstein) realisiert wurde (Weber 1998; Weber, Rochel 1992) war der Auftakt zur Entwicklung eines reformierten konduktiven Systems in der Bundesrepublik Deutschland, ihm folgten weitere Untersuchungen vor allem im Zentrum für Frühbehandlung und Frühförderung Köln im Auftrag des Bundesministeriums für Gesundheit (Oskamp, Horstmann 1999) und im Kinderzentrum München im Auftrag des Verbandes der Ersatzkrankenkassen-VdAK (Voss v. u. a. in Vorbereitung).

Durch spektakuläre Fernsehdokumentationen der BBC („Standing up for Joe", 1986; „Budapest with Love", 1989), weltweit gesendet, des Bayerischen Fernsehens, über ARD und arte bundes- und europaweit ausgestrahlt (ARD Die Sprechstunde: „Dieses Kind wir nie gehen können" 1993, arte 1994, br: Sternstunden 1995, 1996 u. a.), und einer Vielzahl folgender Fernsehberichte und Zeitungsartikel über Einzelfälle, vor allem auch in der Sensationspresse, ist konduktive Förderung und Rehabilitation (Conductive Education, Konduktiv-Mehrfachtherapeutische Förderung) in mehreren europäischen Ländern zu einer „Modetherapie" hochstilisiert worden.

Hunderte von Eltern betroffener Kinder wurden neugierig und hoffnungsvoll. Ein aktiver Tourismus nach Budapest zum Internationalen Petö Institut begann (in den 80-er Jahren vor allem Briten, in den 90-er Jahren vor allem Deutsche), wo *kurzphasige Therapieblöcke für ausländische Kinder* sehr schnell sogar in englischer und deutscher Sprache angeboten wurden. Bald übertrug man diese Art des therapeutischen Umgangs zuerst nach Großbritannien, später auch in die Bundesrepublik Deutschland; Sommercamps und Förderwochen wurden rasch vorbereitet und durchgeführt, z.T. mit Unterstützung des Internationalen Petö Instituts. Eine Entwicklung, wie sie seit Ende der 80er Jahre bereits in Großbritannien stattfand und vor der Sutton auf Tagungen (Weber 1992a und b) gewarnt hatte.

Unterschiedliche Übertragungs- und Etablierungsversuche sind mittlerweile europa- und weltweit unüberschaubar zu einem Markt der Beliebigkeiten eskaliert. Unter dem Druck der Ereignisse wurde die weitgehende inhaltliche Übereinstimmung mit traditionellen Therapien (z. B. mit Konzepten sensorischer Integration, basaler Stimulation, psychomotorischer Koordination, bewegungspädagogischer Kommunikation, musiktherapeutischer Improvisation oder sozialer Interaktion u.v.a.m.) in ihrer Zusammenführung durch das System konduktiver Förderung und Rehabilitation scheinbar nicht wahrgenommen. Nur wenige vereinzelte Angebote beinhalten und beherzigen die Notwendigkeiten medizinischer, personeller und zeitlicher Grundvoraussetzungen, inhaltlicher Grundlagen, und Strukturelemente, Rahmenbedingungen, Organisation und den prozessual-dynamischen Charakter des konduktiven Systems. Keinesfalls eignet sich konduktive Förderung und Rehabilitation für kurzphasige Angebote, weil einem funktionsgestörten Gehirn Zeit gelassen werden muss, angebahnte Prozesse zu erleben, zu verarbeiten, zu üben und zu automatisieren. Geschieht dies nicht, wird sich jeder spontane Anfangserfolg mit der Zeit wieder verflüchtigen. Die „Conductive Power" hat dadurch keine Gelegenheit, sich zu entfalten.

Mit der Reihe Konduktive Förderung und Rehabilitation machen wir, auf der Basis unserer wissenschaftlichen und praktischen Auseinandersetzungen im In- und Ausland seit Mitte der 80-er Jahre den Versuch, das komplexe und facettenreiche konduktive

System durchschaubar zu machen. Dadurch soll das immer noch verbreitete Informationsdefizit abgebaut werden. Die Autor-innen sind Fachleute, die sich theoretisch und praktisch mit dieser Thematik beschäftigt haben.

Der vorliegende Band 5 soll ein praktisches Nachschlagebuch für häufig verwendete Begriffe aus der Konduktiven Förderung und Rehabilitation von A bis Z sein und erhebt keinen wissenschaftlichen Anspruch. Vor allem „Nichtprofis", also Eltern, Angehörigen, (noch nicht) Betroffenen und Praktikern soll das verbreitete „Fachchinesisch" verständlicher gemacht bzw. der Umgang mit der Fachterminologie erleichtert werden. Eines der Hauptziele dabei ist es, der Gefahr von Missverständnissen entgegenzuwirken. Mit den Themen der Bände 2, 3, 4 und 6 werden jeweils Schwerpunkte des Konduktiven Systems bearbeitet, z. B die medizinische Verantwortung und die entwicklungsdiagnostischen Zusammenhänge (Band 2), Theoretische Grundlagen (Band 3), die die alltägliche Praxisarbeit erst nachvollziehbar machen. Fragen zu Niveau, Umfang, Inhalt und Abschlusslevel (internationaler) Aus-, Weiter- und Fortbildungen (Band 4) werden unter der Realität des Zusammenwachsens Europas gesehen und bewertet, um der Gefahr übereilter oder provinzieller Lösungen vorzubeugen. Mit Band 6 wird die internationale Entwicklung ins Visier genommen. Band 1 (Einführung in das System konduktiver Förderung und Rehabilitation. Konzept – Praxis – Perspektive). Alle Bände richten sich vor allem an Fachleute, die mit hirnorganisch geschädigten, i.d.R. bewegungsgestörten und mehrfachbehinderten Menschen oder von Behinderung bedrohten Kindern und Erwachsenen befasst sind: Ärzte, vor allem Pädiater, Neurologen, Orthopäden; Therapeuten, vor allem Physio- und Ergotherapeuten, Logo- und Motopäden; Psychologen, Pädagogen und Pflegepersonal einschlägiger Institutionen.

Danken möchte ich den Fachkollegen im In- und Ausland, Studierenden, betroffenen Personen, Eltern, Verantwortlichen bei Krankenkassen, Medizinischen Diensten, Kliniken, Rehabilitationszentren, mehreren Bundesministerien, Verbänden und anderen Institutionen, die uns in den vergangenen Jahren, mit Anre-

11

gungen und Anstößen, mit Ermutigungen und kritischen Ratschlägen, geholfen haben, unser weitgehend ehrenamtliches Engagement, vor allem im Rahmen des Vereins für Konduktive Förderung e. V., Siegen, zu flankieren. Dank der Lektorin, Frau Balke-Schmidt, die uns mit Aufgeschlossenheit, Rat und großer Geduld hilfreich war; und Frau S. Frenken, die bei den Korrekturen und der Endkorrektur mitgeholfen hat.

Wir wünschen uns, dass das System konduktiver Förderung und Rehabilitation in der Bundesrepublik Deutschland und in Europa eine professionelle Etablierung und qualifizierte Realisierung als Ergänzung und Erweiterung traditionell vorhandener, anders organisierter Hilfen und Hilfssysteme erfährt.

Siegen, im Januar 2001   *Prof. Dr. Karin S. Weber*

Sehr geehrte Leserin, sehr geehrter Leser,

uns interessieren Ihre ganz persönliche Meinung sowie Ihre Interessengebiete. Beides ist für die zukünftige Arbeit unseres Verlages sehr wertvoll. Vorteil für Sie: Über entsprechende Neuerscheinungen werden Sie regelmäßig informiert. Sie erhalten unsere Bücher im Buchhandel oder direkt beim Verlag.

Diese Karte entnahm ich dem Buch (bitte eintragen!):

Aufmerksam wurde ich durch

○ Verlagsprospekt   ○ Name des Autors
○ Empfehlung meines Buchhändlers   ○ Pressebesprechung
○ Empfehlung eines/r Bekannten   ○ Internetrecherche allg.
○ Anzeige   ○ Homepage d. Verlages
○ Schaufensterauslage   ○ Geschenk

Mein Urteil:

Bitte informieren Sie mich ab sofort über folgende Sachgebiete (bitte **Absender auf der Rückseite nicht vergessen!):**

○ **Psychomotorik / Sport**

○ **Kindergarten / Vorschule / Grundschule**

○ **Frühförderung / Diagnose**

○ **Sonderpädagogik**

○ **Geistige Behinderung**

○ **Pädagogik / Sozialpädagogik**

○ **Ergotherapie/Neurologie**

○ **Geriatrie**

○ **Sprachtherapie / Logopädie**

○ **Pädagogische Psychologie**

○ **Psychotherapie / Verhaltenstherapie**

○ **Familientherapie / Systemische Therapie**

○ **Multimedia (MC, CD, Video)**

Antwort/
Postkarte

vml verlag modernes lernen
borgmann publishing

Hohe Straße 39

D - 44139 Dortmund

Absender:

_____
Name

_____
Vorname

_____
Beruf

_____
Straße

_____
PLZ/Ort

Ich benötige noch den Katalog:

O *Frühjahr*

O *Hauptkatalog*

Adressen, s. Anhang

Wichtige *Adressen* über Einrichtungen, die *Konduktive Förderung und Rehabilitation (KFR)* praktizieren, sind unter dem Stichwort *Vereine* und für einige Länder im *Anhang* zusammengestellt.

Aktivität

Der umfassende Anspruch *Konduktiver Förderung und Rehabilitation (KFR), Selbständigkeit* und Eingliederung in das gesellschaftliche Leben für die Klient-inn-en zu erreichen, ist nur dann zu verwirklichen, wenn mehrere Bedingungen erfüllt sind: Der *selbständige und aktive Tätigkeitsprozess* der *Klient-inn-en* muss kontinuierlich alle Entwicklungs- und Persönlichkeitsbereiche konsequent *integrativ* und *mehrdimensional* durchlaufen, innerhalb einer *Gruppe* stattfinden, von diplomiertem Personal geplant, organisiert, verwirklicht, teilnehmend beobachtet, nachbereitet und von *Supervisoren* (Berater) begleitet werden.

Wenn es sich um *(Re)habilitation* von Kindern handelt, müssen *Aktivitäten* ausgewählt werden, durch die sich die persönlichen Fähigkeiten entwickeln können. Diese *Förderung* bedeutet das Schaffen von verschiedenen günstigen Lerngelegenheiten, einschließlich der Gruppenerziehung als eine besonders vorteilhafte Gelegenheit zur Nachahmung. Alle *Hilfsmittel* sind auf die *Eigenaktivität* des Kindes ausgerichtet und nur zum Ansporn und zur *Motivation* gedacht.

Akzeptanz

Unter *Akzeptanz* ist die positive Annahme des Menschen mit (drohender) *zerebraler Bewegungsstörung* durch die Konduktor-inn-en/Eltern/Bezugspersonen im konduktiven Förderprozess zu verstehen. Dabei umfasst die *Akzeptanz* alle Persönlichkeitsbereiche, also *Motorik, Sensorik, Psyche, Sprache, Intellekt, Verhalten.*

Alltag

Eine der wichtigsten Aufgaben der *Konduktor-inn-en* besteht in der Zusammenführung der Einzelfähigkeiten im *Praxisalltag* -vorwiegend spielerisch im Rahmen von Projektarbeiten – zu komplexen kindgemäßen und *alltagstypischen* Tätigkeiten und zu längeren sprachlichen Äußerungen.

Das Kind dort abholen, wo es steht, ist ein wichtiger Grundsatz. Auch im weiteren Verlauf der *Förderung* bestimmt das Kind die *Ziele* und es ist Aufgabe der *Konduktor-innen*, diesen Zielen zu folgen. Die *Konduktor-in* plant das nächsterreichbare Ziel, bietet dem Kind *Aufgabenserien* an, die einerseits konsequent durchgeführt werden, andererseits situativ veränderbar sind. Im *Gruppenalltag* gilt es dann, einerseits durch konsequente Planungen dem Kind einen Orientierungsrahmen zu schaffen, aber andererseits durch kreative und situativ geschickt gewählte *Verstärker* wie *Motivation, Aufmerksamkeit, Konzentration* den Lerneifer der Kinder aufrecht zu erhalten.

Apoplexie

Apoplexie (Schlaganfall, Gehirnschlag) betrifft vorwiegend ältere Menschen, wobei es entweder zu einer Blutung im Gehirn (in der geringeren Zahl der Fälle) bzw. zu einem Hirninfakt (in der häufigeren Zahl der Fälle) kommt. Charakteristisch ist eine Hemiplegie (Halbseitenlähmung) bzw. zeigen sich Ausfallerscheinungen wie Sprach-, Sensibilitäts-, Schluck- und Kaustörungen. *Konduktive Förderung und Rehabilitation (KFR)* kann frühestens nach der Akut- und Intensivphase beginnen. Ab dieser Phase ist die *Konduktive Förderung und Rehabilitation (KFR)* gut vorstellbar. Entsprechende Projekte bzw. Modellversuche sollten auch in der Bundesrepublik Deutschland unbedingt ins Auge gefasst und konkret geplant werden.

Arzt

Das System Konduktiver **Förderung** wurde nach dem 2. Weltkrieg in Budapest durch die Initiative des ungarischen **Arztes** András Petö (1893-1967) entwickelt.

Dipl.-Konduktor-inn-en dürfen nur unter Leitung eines Facharztes bzw. mit wissenschaftlicher Begleitung in Deutschland praktizieren. Weder in Ungarn, noch in Deutschland können sich **Konduktor-inn-en** selbständig in Praxen „niederlassen".

Für die Arbeit im Team ist die breitgefächerte Qualifikation der Dipl.-Konduktor-inn-en (med.-therapeutisch, päd.-psychologisch, pflegerisch) Voraussetzung für eine erfolgreiche Arbeit, die in einschlägigen Zentren (KNZ, SPZ, FFZ) mit medizinischer Leitung geleistet werden darf; dabei unterstehen die Konduktor-inn-en dem leitenden **Arzt**, kooperieren mit Eltern, leiten Studierende und Praktikanten an. Die Praxisarbeit der Konduktor-inn-en erfordert ständige **Supervision. Konduktor-in** ist kein medizinischer Hilfsberuf im Sinne des Heilpraktikergesetzes, deshalb können sich Konduktor-inn-en nicht z. B. in Praxen „niederlassen" bzw. singulär wirken!

Atmosphäre

Konduktor-inn-en (meist weiblich) vereinen Aufgaben der Physio- und Beschäftigungstherapeuten, der Logo- und Motopäden, der (Heil-, Sonder- bzw. Sozial-) Pädagogen, Erzieher, Pfleger und Lehrer in einer Person und sind für die körperlichen, seelischen und geistigen Belange des zerebralgeschädigten Kindes verantwortlich. Der positive zwischenmenschliche Bezug motiviert das Kind und schafft eine anregende fördernde *Atmosphäre* des Übens, Spielens und Lernens.

Bei der Strukturierung *Konduktiver Förderung und Rehabilitation* sind als äußere Bedingungen *Umgebung, Tagesablauf, Gruppe* und *Atmosphäre* grundlegend wichtig.

Aufgaben(serien)

Unter *Aufgabenserien* versteht man Einheiten von Handlungsabläufen, die im *Tagesablauf* der *Klient-inn-en* für sie als sinnvolles Ganzes erkennbar sind.

Motorische, perzeptive, sprachliche, intellektuelle ästhetische und kommunikative Aspekte werden in die *Aufgabenserien* prinzipiell einbezogen (Bewegung, Rhythmik/Musik, Tanz, Spiel, Theater, Sprache, Literatur, bildnerisches und gegenständliches Gestalten, technische Medien).

Reifung, Entwicklung und/oder Wiederherstellung werden nach therapeutischen (z.B. entwicklungsfördernden), pädagogisch-psychologischen (z.B. bewegungsfördernden, sprachfördernden) und pflegerischen (Selbständigkeit u. Lebenspraxis fördernden) Zielsetzungen, von einer fachlich kompetenten Person gleichzeitig und gleichgewichtig integrativ in *Aufgabenserien* organisiert, verwirklicht und überprüft. Daraus ergibt sich die Möglichkeit einer komplexen Förderung.

Aufmerksamkeit

Um den Zielsetzungen nachzugehen verwendet die *Konduktorin* die Gesamtheit antriebsschaffender Faktoren. Das Erwecken der *Aufmerksamkeit* und des Interesses unterstützt er mit einem interessanten neuartigen Inhalt, mit der Vermittlung von Erlebnissen, mit dem Problemcharakter der zu lösenden Aufgabe. Auch die sogenannten nicht-spezifischen Faktoren, wie Harmonie, Freude, Ästhetikum, Allgemeinbefinden, Stimmungselemente und unterschiedliche stimulierende Einflüsse spielen dabei eine wichtige Rolle.

Die Wirkung der *Gruppe* als aktivierendes, verstärkendes Element zeigt sich besonders bei der Anregung der Mitmachbereitschaft und der *Aktivität*, bei der Aufrechterhaltung der *Aufmerksamkeit*, als emotionale Verstärkerfunktion usw. Das gemeinsame oder das kooperative Tun in der *Gruppe* fördert die Herausbildung des kommunikativen Rollenverständnisses.

Der Aufbau der *Persönlichkeit* wird dabei als Lernprozess verstanden und didaktisch-methodisch konsequent so konzipiert, dass die Klient-inn-en (im lerntheoretischen Sinne) Lernziele grundsätzlich über Problemlösungen und damit verbundene Erfolgserlebnisse erreichen. Immer wird Operieren, Handeln, Tätigsein, learning by doing didaktisch kalkuliert, immer wird versucht die Programminhalte horizontal thematisch zu vernetzen und mit Möglichkeiten ästhetischer und kommunikativer Mittel zu verbinden. Dadurch scheint ein hoher Grad an *Motivation* und *Aufmerksamkeit* aber auch an Wille erreicht zu werden.

Die *Ziele* und *Inhalte Konduktiver Förderung* sind immer und jederzeit mehrdimensional angelegt: In die Breite angelegt sind alle simultan laufenden Programminhalte zu den Förderbereichen Grob- und Feinmotorik, Hand- und Fußgeschicklichkeit, Wahrnehmung, Sprache, Kognition, Lebenspraxis und soziales Lernen. Sie werden konduktiv verwirklicht in Form von *Tätigkeitsserien*, in denen es *Ziele* gibt, die über Problemlösungen erreichbar werden. Dabei wird der Prozess der Problemlösung pädagogisch-psychologisch flankiert durch Motivationshilfen, Hilfen zur Erhaltung der *Aufmerksamkeit*, *Fazilitation* in jeder Weise und ständige *teilnehmende Beobachtung*. Die Vertikale stellt das in der allgemeinen Didaktik übliche Prinzip vom Groben zum Feinen hin auch in der *Konduktiven Förderung und Rehabilitation* dar. Die dritte Dimension, als Tiefe vorstellbar, umfasst alle *Ziele* für die gesamte Persönlichkeitsbildung.

Ausschlusskriterien

Ausschlusskriterien sind:

- Fehlen einer *zerebralen Bewegungsstörung*, z. B. spastischer Plegien bzw. Ataxie, Athetose und Mischformen oder einer peripheren Bewegungsstörung, z. B. Spina bifida
- Sondenernährung
- Auch nicht ansatzweise vorhandenes aktives und passives Sprachverständnis.
- Schlechter Allgemeinzustand, ohne Bewegungsdrang,
- Körperlich, verstandesmäßig, seelisch, gefühlsmäßig und sozial nicht belastbar.
- Therapieresistente Epilepsie
- Nicht motivierbar und kontaktfähig bzw. im Ansatz gruppenfähig.

In diesen Fällen werden einschlägige Einzeltherapien empfohlen bzw. vom *Arzt* verordnet.

Ausstattung

Die Mindestausstattung besteht aus

- Zwei Räumen,
- Holzpritschen, pro Person eine,
- Großen Sprossenstühlen, kleinen Sprossenstühlen, Hockern,
- Lauf – Übungsgerät (Gehbarren),
- Sprossenwänden,
- Matten,
- Fußbänken, Holzkisten,
- Gummi- und Holzringen, Holzstäben

- Diversen Spiel- und Lernmaterialien, je nach Alter und Entwicklungsstand der Gruppenmitglieder.

Belastbarkeit

Konduktive Förderung und Rehabilitation (KFR) ist *ganzheitlich* angelegt, das heißt, dass alle Persönlichkeitsbereiche, somatisch, kognitiv, sozial, gleichermaßen berücksichtigt und angegangen werden. Dabei werden selbstverständlich Art und Grad der Schädigung, Stand der Entwicklung, intellektuelle und soziale Fähigkeiten bzw. Ansätze dazu in die Konzeption und Durchführung der *Aufgabenserien* einbezogen. Die Kinder dort abholen, wo sie stehen, heißt der Grundsatz, der auch in der Heilpädagogik gebräuchlich ist. Das bedeutet auch, dass die Konduktorinn-en die *Belastbarkeit* ihrer Gruppenmitglieder stets berücksichtigen.

Beobachtung

Die aktiv-teilnehmende *Beobachtung* der *Konduktor-innen* ist ein Verhaltensprinzip, auf dessen Grundlage sowohl die konduktiven Prozesse entscheidend gesteuert werden, als auch die Planung der *Programme* basieren. Unter aktiv-teilnehmend ist dabei zu verstehen, dass der Beobachter aktiv am Gruppengeschehen beteiligt ist, während er seine Beobachtungen durchführt. Hierbei wird i. d. R. von einem Beobachtungsplan ausgegangen (vgl. z. B. *Weber 1998, 114-16),* nach dem vor allem bestimmte Fähigkeitsbereiche (z. B. (Fein-)Motorik, Sprache, psycho-soziales Handeln, Lebenspraxis wie Essen, Kleiden, Hygiene) in regelmäßigen Abständen schriftlich festgehalten werden.

Ziel ist, auf der Grundlage der gemachten Beobachtungen angemessen situativ, intuitiv, spontan zu agieren und zu reagieren, gegebenenfalls programmatisch zu variieren, *Aufmerksamkeit* zu erhöhen, gutes Lernklima zu schaffen und Konzentrationshilfen zu geben.

Außerdem können dynamisch Entwicklungsfortschritte festgehalten und dokumentiert werden.

Beratung

Beratung geschieht auf mehreren Ebenen in mehreren Richtungen:

- Nach eingehender *Diagnose* durch Ärzte, findet eine *Beratung* der Eltern oder Angehörigen über mögliche Fördermaßnahmen statt;
- Soweit *Konduktive Förderung und Rehabilitation (KFR)* empfohlen werden kann, werden in die Beratung auch *Konduktor-inn-en* mit einbezogen.
- Bei *Konduktiver Förderung und Rehabilitation* übernehmen *Konduktor-inn-en* vielerlei Beratungsfunktionen, vor allem für den alltäglichen Umgang mit den Klient-inn-en um die Anpassung der häuslichen Verhältnisse an das Ziel selbständigen Handelns zu gewährleisten.
- Die Arbeit der *Konduktor-inn-en* wird durch *Supervision* unterstützt. Hierbei wird das Verhalten der *Konduktor-inn-en* vor allem in fachlichen, methodischen und zwischenmenschlichen Problemfeldern analysiert und korrigiert. Ziel ist dabei die hohe Verantwortung und breite Kompetenz der *Konduktor-inn-en* zu festigen und zu erhalten.
- *Beratung* findet zwischen Eltern, vor allem durch Selbsthilfegruppen und Vereinigungen von Eltern (s. a. *Vereine*) statt.

Besoldung

Die Einbindung von *Konduktor-inn-en* in das Niveau des Bundes-Angestellten-Tarifs (BAT) wurde bereits im Jahre 1990 mit Hilfe der Zentralstelle für das Auslandsschulwesen der Kultusministerkonferenz der Länder der Bundesrepublik Deutschland (KMK) vorgenommen. Soweit eine Arbeitserlaubnis vorliegt können **Konduktor-inn-en** nach BAT 4b/4a angestellt werden. Da es sich nicht um einen sogenannten medizinischen Hilfsberuf handelt, muss als verantwortlicher Vorgesetzter ein **Arzt** vor Ort zur Verfügung stehen.

Beide Erfordernisse wurden in der Vergangenheit in ad hoc – Gruppen, die zur Durchführung sogenannter Sommercamps gebildet wurden, ignoriert. Dadurch sind in Einzelfällen Probleme ausgelöst worden, die teilweise ein negatives Licht auf **Konduktive Förderung und Rehabilitation (KFR)** geworfen haben.

Bewegung s. Motorik

Bewegungsstörung, zerebrale

Zerebral geschädigte Klient-inn-en sind i.d.r. vor allem **bewegungsgestörte,** also körperbehinderte Menschen. Aus diesem Grund sollen durch **konduktive Förderung und Rehabilitation** Entwicklungs-, Lern- und Sozialisationsprozesse gleichzeitig und gleichgewichtig, also integrativ dynamisch, angebahnt, systematisch aufgebaut und gefestigt werden. Dies betrifft Kinder nach hirnorganischen Schädigungen, vom Säuglingsalter an, längstens bis zum Eintritt der Vorpubertät und Erwachsene nach **Apoplex**, bei **Parkinson** und **Multipler Sklerose**. Im Laufe der ersten Lebensjahre bilden sich bei Kindern oft aufbauend eine Reihe weiterer Fehlfunktionen und Fehlverhalten hinzu. So kann im Laufe der (ersten) Lebensjahre eine frühkindliche Hirnschädigung (s. auch **Zerebralparese** / ICP = **infantile Zerebralparese**) später zu einer Mehrfachbehinderung werden. Zerebral bedingte (vom Gehirn kommende) Bewegungsstörungen werden vor allem in der Anfangsphase als dynamische Größe betrachtet, sie können mit breit angelegten Fördermaßnahmen aktiv beeinflusst und bestenfalls überwunden werden. Alle dazu erforderlichen Maßnahmen werden konduktiv aufeinander abgestimmt, miteinander vernetzt und ineinander verwoben (vgl. Verein für konduktive Förderung 1997[9]).

Bundesministerium für Arbeit und Sozialordnung (BMA)

Im Auftrag des *BMA* wurde in den Jahren 1990 – 1992 ein Forschungs- und Entwicklungsprojekt mit dem Titel „Medizinische Rehabilitation cerebralgeschädigter Kinder im Alter von 3 bis 7 Jahren durch Konduktive Förderung" als Pilotprojekt durchgeführt.

Das Projekt hatte folgende Ziele:

- Durchführung eines klinischen Modellversuchs (Taunusklinik Falkenstein) in ambulanter Form, zur kontinuierlichen *medizinischen* Begleitung und *Beobachtung* bzw. zur inhaltlichen Erarbeitung und Erprobung eines an deutsche Verhältnisse der interdisziplinären Frühförderung angepassten reformierten konduktiven Programms;
- Auswertung des Modellversuchs unter Einbeziehung einer „Kontrollgruppe" im gleichen Zeitraum konventionell behandelter Kinder; (vgl. *Weber, Rochel* 1992)
- Erarbeitung theoretischer Grundlagen; (vgl. *Schumann, Clemens* 1999)
- Durchführung von zwei internationalen Expertentagungen; (vgl. *Weber* 1992a/b)
- Aufbau eines Literaturarchivs zum Thema *Konduktive Förderung und Rehabilitation (KFR)*.

Bei dem Projekt ging es nicht um die Kopie der traditionellen ungarischen „Konduktiven Pädagogik"/ „konduktiven Erziehung", inzwischen gern kurz „Petö-System" genannt, sondern um die theoretische und praktische Erforschung und Weiterentwicklung auf Erfordernisse zeitgemäßer westeuropäischer Frühförderung hin, mit Hilfe ungarischer Konduktor-inn-en, in Verbindung mit dem vorhandenen interdisziplinären deutschen Wissenschaftlerteam.

Das Projekt hat in Deutschland, insbesondere durch mehrere Fernsehdokumentationen, international, besonders in den USA, Australien und Hongkong, vor allem aber in Europa, Beachtung gefunden. Auch hat es zur Bildung weiterer professioneller *Projekte* in München (Kinderzentrum) und Köln (Zentrum für Frühförderung und Frühbehandlung) beigetragen. (vgl. *Weber* 1998, 150/51)

Conductive Education (C.E.)

C. E. ist die englische Bezeichnung für *Konduktive Förderung und Rehabilitation (KFR)*. Im Vereinigten Königreich Großbritannien gibt es schon eine längere Tradition, die zunächst mit dem Namen *Ester Cotton* und später mit dem Namen *Andrew Sutton* verbunden wurde. *Cotton* versuchte als Physiotherapeutin *C. E.* praktisch umzusetzen und versuchte mit kurzzeitigen Kursen weitere Therapeuten „anzulernen". Diese Art der Verbreitung wird als Cottonismus kritisiert und hat in UK zu abenteuerlichen Entwicklungen geführt.

Sutton gründete die Foundation for *C. E.*, initierte in den 80er Jahren das Birmingham Projekt und erreichte mit seinem Engagement die Gründung des National Institute of *C. E.* Dort werden Kinder, Jugendliche und Erwachsene mit Zerebralparesen gefördert.

In Zusammenarbeit mit der University Wolverhampton wurde ein Studium als Modulesystem geschaffen, das mit dem Bachelor-Grad abschließt.

Conductor's College

Das *Conductor's College* ist die Ausbildungsstätte des staatlichen Petö-Instituts in Budapest. Dort werden *Kon-*

duktor-inn-en in einer Theorie-Praxis-Ausbildung auf Fachhochschulniveau zu sogenannten Konduktor-Grundschullehrern ausgebildet. Das Studium dauert 8 Semester und schließt mit einem Diplom ab, das in Deutschland nicht anerkannt wird.

Die Ausbildung hat sich nach dem Tod Petös im Jahre 1967 zunehmend professionalisiert, war zunächst eine Fachschulausbildung und wurde Ende der 80er Jahre durch Änderung von Studien- und Prüfungsordnung sowie der Berufsbezeichnung auf Fachhochschulniveau angehoben.

Ausländer-innen haben nur vereinzelt dort studiert.

Curriculum

Als *Curriculum* werden über den Begriff des Lehrplans hinausgehend Lernziel-, Lerninhalts- und Lernorganisationsentscheidungen, Erfolgskontrollen und deren komplexe Wechselbeziehungen bezeichnet.

Curriculum und Curriculumentwicklung spielen sowohl im Studium der *Konduktor-inn-en* als auch in der Praxis Konduktiver Förderung organisatorisch und inhaltlich eine entscheidende Rolle. Das ist um so wichtiger, als im Denken der *KFR* Bewegungsstörungen als Lernhindernisse betrachtet werden, die es zu überwinden gilt. Methodisch werden die Erkenntnisse der Lernpsychologie eingesetzt und genutzt.

Dauer

Dauer und *Erfolg* Konduktiver Fördermaßnahmen sind abhängig von Art und Grad der Schädigung und den daraus resultierenden Funktionsstörungen bzw. abhängig vom Zeitpunkt des Beginns der Fördermaßnahme. Vor dem 2. Lebensjahr begonnen, können Kinder mit einer Ataxie nach einem, Kinder mit einer Spastik oder Spina-bifida nach zwei und Kinder mit einer Athetose nach drei Jahren Vollzeitbehandlung *Orthofunktion* erlangen. Diese Angaben sind nur als grobe Richtlinien zu verstehen; tatsächlich ist die Dauer immer vom individuellen Zustandsbild und einer Reihe von psychischen, intellektuellen (mentalen) sowie sozialen Gegebenheiten abhängig. Grundsätzlich gilt: je früher die *Konduktive Förderung und Rehabilitation (KFR)* einsetzt, desto günstiger sind die Erfolgsaussichten sowohl quantitativ als auch qualitativ. Ideal ist der Beginn im 1. Lebensjahr bei Kindern und bei Erwachsenen nach der Akutphase.

Längsschnittuntersuchungen seit 1988 ergeben, dass phasenweise Kurzförderungen ausländischer Kinder, wie sie in der Vergangenheit von zahlreichen Betroffenen im *Privaten Internationalen Petö-Institut in Budapest* durchgeführt wurden und in jüngster Zeit von einer Reihe von Elterninitiativen meist in Form von „Camps" angeboten werden, vergleichsweise zur Vollzeitbehandlung ungarischer Kinder (in den *Staatlichen* Petö-Instituten!), nur partiell und kaum langanhaltend wirksam sind. Oft lösen sie jedoch im Falle von Therapiemüdigkeit einen motivierenden Schub aus, der neues Engagement in den Therapiealltag bringt. Diese phasenweise durchgeführten Initiativen sind nur als Zwischenlösungen zu betrachten. Ab dem Lebensjahr, in dem die Kinder schulpflichtig werden, sind Erfolge, durch die vorangeschrittene Gehirnreifung, wie bei allen neurophysiologisch wirkenden Therapien, wesentlich eingeschränkter als vorher.

Diagnose, medizinische

Vor der Entscheidung ob eine traditionelle (parallel verlaufende Therapien) oder konduktive (zusammenführende therapeutische-, erzieherische und pflegende) Förderung empfohlen wird, muss eine qualifizierte *medizinische Diagnose* gestellt werden. Vor allem *zerebrale Bewegungsstörungen* in allen Formen (also z. B. spastische, athetotische, ataktische bzw. Mischformen) und Graden (vor allem mittelschwer bis schwer) sind für die Förderung geeignet. Die *medizinische Diagnose* wird von Fachärzten erhoben und in regelmäßigen Abständen aktualisiert.

diagnostisch s. entwicklungsdiagnostisch

Didaktik

Didaktik in der *Konduktiven Förderung und Rehabilitation* **(KFR)** bedeutet therapeutische, pflegerische, bildende und erzieherische Ziele, Inhalte, Methoden und Medien zu formulieren und in Form von *Aufgabenserien* bzw. *Programmen* in praktische Arbeit umzusetzen.

In Anlehnung an das Lerntheoretische Konzept (Heimann, Otto, Schulz) werden Lernbedingungen berücksichtigt und es wird von der Interdependenz (gegenseitigen Abhängigkeit) von Strukturelementen ausgegangen; berücksichtigt werden vor allem:

- Anthropogene Voraussetzungen (Anlagen, Eigenschaften, Erfahrungen von Klient-in und Konduktor-in),
- Sozial-kulturelle Voraussetzungen (Gruppenzusammensetzung und -struktur),
- Intentionalität (therapeutische, lernpsychologische Absichten),
- Thematik,
- Verfahrensweisen (Methodik),
- Medien.

Eine kontinuierliche Reflexion ist selbstverständlich.

Im Sinne des kommunikationstheoretischen Modells in der **Didaktik** sind bei Konduktiver Förderung und Rehabilitation sowohl die Inhaltsdimension als auch die Beziehungsebenen wichtig. Bedingung und Ziel zugleich ist die Emanzipation der Klient-inn-en.

Eltern / Angehörige

Elternarbeit (oder mit Angehörigen) ist ein wichtiges Element in der **KFR**. Die Eltern (Angehörigen) werden im Beziehungsgeflecht als Partner ernst genommen und erhalten in vieler Beziehung Anregungen zur Gestaltung des häuslichen **Alltags**. Die kontinuierliche **KFR** kann zur Entlastung der Eltern/Angehörigen beitragen.

Ein Anliegen muss es sein, den Eltern zu vermitteln, was **Konduktive Förderung und Rehabilitation (KFR)** ist, was im Praxisalltag geschieht und wie wir die Entwicklung der Klient-inn-en beurteilen und einschätzen. Die **Konduktorinnen** nehmen die häuslichen Verhältnisse in Augenschein, um Ratschläge und Tips für räumliche und mediale **Fazilitation** zu geben. Von großer Bedeutung ist es, den **Eltern,** Angehörigen und Geschwistern zu vermitteln, wie wichtig es ist, das bewegungsgestörte Kind nicht zu verwöhnen, sondern „normale" Aufgaben und Anforderungen zu stellen, die dem Kind Gelegenheit geben, aktiv im häuslichen Umfeld zu agieren und durch zunehmende **Selbständigkeit** Eltern und ganze Familien zu entlasten. Pritschen und Petö-Möbel sind im häuslichen Umfeld überflüssig, weil es wichtiger ist, sich an die Gegebenheiten anzupassen. „Übungsprogramme", wie sie unter Eltern gern in kopierter Form weitergereicht werden sind unbrauchbar, weil es wichtig ist, das Kind in der Zone seiner gegenwärtigen Entwicklung aktiv agieren zu lassen. Eltern und Angehörige müssen dahingehend beraten werden, den Klient-inn-en auch im häuslichen Umfeld Gelegenheiten und Möglichkeiten zu geben, die **Zone der nächsten Entwicklung** uneingeschränkt zu erreichen. Gelingt dieses Ziel, so tritt, nach unserer Erfahrung sehr bald eine Entlastung in der Familiensituation ein, die wiederum entwicklungsfördernd wirkt.

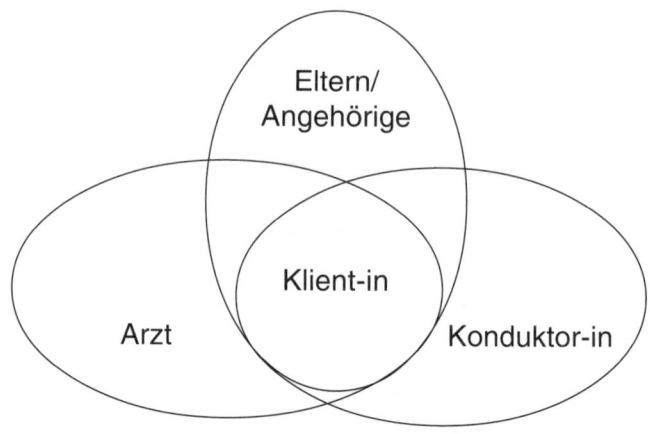

Abb. 1: Personelle Interdependenz (Weber 1998)

Entwicklung

Aneignung wird als das Grundprinzip menschlicher *Entwicklung* beschrieben (Leontjew). Die Möglichkeit der Aneignung wird durch Tätigkeit realisiert. Menschliches Lernen ist auf Aneignung gerichtet; bei der Aneignung kommen die Besonderheiten des Lernens (Verlaufsform und Inhalte) zum Ausdruck. Beim Lernen steht die Individualentwicklung und die Persönlichkeit im Vordergrund. Persönlichkeit entsteht durch die aktive Auseinandersetzung des Individuums mit der (Um-)Welt. In bestimmten Stadien des Lernens ist der Mensch auf andere, auf Kooperation und Kommunikation angewiesen. Wygotski nennt sie *Stadien der Zusammenarbeit*.

Beim gesunden Kind läuft der *Aneignungsprozess* der Bewegung, das Bewegungslernen, begleitet durch Reaktionen der Bezugspersonen, *entwicklung*sbedingt ab. Liegen Defizite im biologischen, psychologischen oder sozialen Kontext vor, bedeutet das für das Kind Störungen und Hemmnisse im Austauschprozess mit den Bezugspersonen, mit dem Er„fassen", dem Be„greifen" aller ihn umgebenden Gegenstände, mit der unmittelbaren aktiven Aneignung seiner gesamten Umwelt. Der Aneignungsprozess als Lernprozess über die Bewegung verläuft eingeschränkt. Da Bewegung im Sinne der Zusammensetzung von Operationen auch Teilsystem der Handlung ist, durch die auch emotionale und soziale Motive gesteuert werden, entsteht das Problem der Einschränkung auch in diesen Bereichen (vgl. Weber, Rochel 1992).

Bewegung, Sprache und Interaktion sind wichtige Elemente, aus denen sich *Entwicklung* zusammensetzt; das Konzept der „dominierenden Tätigkeit" beinhaltet Perioden von Tätigkeiten des Kindes, wie sie für die *Entwicklung* der Persönlichkeit von Bedeutung sind. Ihre Ausdrucksformen sind das Spiel und das Lernen.

Der von uns dargestellte Ansatz der Tätigkeitstheorie betrachtet das Kind immer in seinem Prozess der Aneignung, in seiner *Aktivität*, in seiner Auseinandersetzung mit der Umwelt in je verschiedenen Entwicklungsstufen („Zone der nächsten Entwicklung"). Die Aufgabe der Konduktor-inn-en besteht darin, Schritte der **KFR** so zu planen und einzuleiten, dass sie für die Klient-inn-en erreichbar werden. Frustrationserlebnisse zu vermeiden ist wichtig; bewusster Einsatz imaginärer (vorgestellter) Handlungen ist erlaubt.

entwicklungsdiagnostisch

Die Konduktor-inn-en führen vor Aufnahme in ihre Gruppe eine ausführliche *Entwicklungsdiagnose* durch, die folgende Persönlichkeits-bereiche berücksichtigt:

- **Grobmotorik:** Krabbeln, sitzen, stehen, gehen, laufen;
- **Feinmotorik:** Greifen, Handgeschick und Koordination;
- **Perzeption:** Sinnesaufnahme, -verarbeitung und -koordination;
- **Sprache** und Sprachverständnis;
- **Selbständigkeit:** Essen, Kleiden, Hygiene;

- Sozialverhalten.

Die *Entwicklungsdiagnose* wird in bestimmten Abständen fortgesetzt bzw. aktualisiert und mit dem leitenden Arzt in Teamgesprächen ausgewertet.

Erfolg vgl. „Dauer"

Erziehung

Der Begriff der *Erziehung* ist eng mit dem der Bildung verbunden. Ganz allgemein ist damit die Gesamtheit bewusst initiierter Handlungen verbunden, mit dem Ziel der nachwachsenden Generation Kenntnisse, Fertigkeiten, Verhaltensweisen und Werte, so viel wie möglich an Lern-, Arbeits- und Lebenserfahrungen zu vermitteln. Auf der Grundlage von gesellschaftsspezifischen Normen mit Hilfe von Leitbildern, Erziehungsidealen, Erziehungszielen und Erziehungsstilen wird entsprechend der Reifung und Entwicklung erzogen und gebildet.

Im Erziehungsprozess werden i. d. R. alle Persönlichkeitsbereiche beeinflusst und ausgebildet. *Erziehung* bedeutet Interaktion zwischen einem Individuum und anderen Menschen und Lebewesen, seinen Handlungen mit umgebenden Objekten in Auseinandersetzung mit Normen, Werten und Umweltbedingungen

KFR bezieht *Erziehung und Bildung* systematisch in das komplexe Geschehen zwischen *Therapie* und *Pflege* gleichberechtigt ein. Erziehung ist dabei weniger im allgemeinen Sinne zu verstehen, vielmehr als verhaltenstherapeutisches Instrumentarium bei Kindern und Erwachsenen mit zerebralen Bewegungsstörungen.

András Petö und seine Nachfolgerinnen haben den Aspekt der „konduktiven Erziehung" (bzw. Pädagogik) stets sehr betont. Der englische Begriff *Conductive Education* lehnt sich sprachlich daran an. Erst in den 90-er Jahren wurde der Begriff im Zusammenhang mit dem ersten deutschen Pilotprojekt von Karin S. Weber erweitert. Mit der Einführung des Begriffs „(konduktive) *Förderung"* in den deutschen Sprachgebrauch sollte die Gleichwertigkeit von Therapie, Erziehung und Pflege im System **KFR** respektiert werden. Dieser Begriff wurde in Österreich im Rahmen der konduktiv-mehrfachtherapeutischen *Förderung* voll und in Ungarn teilweise übernommen. Mit Blick auf die Rehabilitation von erwachsenen Menschen mit zerebralen Bewegungsstörungen (Parkinson-Syndrom, Multiple Sklerose, Hemiplegien nach Schlaganfällen) erscheint der Begriff der Erziehung gänzlich ungeeignet.

Erziehung, ästhetische

In der Ausbildung von *Konduktor-inn-en* ist die *ästhetische Erziehung* Studienanteil im Bereich der Inhalte konduktiver Förderung.

Unter **ästhetischer Erziehung** sind dabei alle geplanten Maßnahmen und *Aktivitäten* zu verstehen, die sinnliche Wahrnehmungen, vor allem z. B. *sensomotorische* oder *psychomotorische*, fördern und zu entfalten helfen. Dies schließt gleichzeitig eine Förderung der Wahrnehmungsverarbeitung *(Perzeption)* ein.

Essen

In den Bereich der lebenspraktischen Fähigkeiten gehört neben Kleiden und Hygiene das selbständige Essen zu den Zielen der **KFR**.

European Association for Conductive Education (E.A.C.E)

Die Europäische Vereinigung für Konduktive Förderung und Rehabilitation (KFR) wurde im März 1993 in Wien gegründet. Es handelt sich um einen Zusammenschluss von Fachleuten aus Ungarn, Österreich, Deutschland, Großbritannien, Irland, Belgien, die mit *KFR* in Forschung und Praxis befasst sind. Vor allem die *Arbeitsgruppe: Studium und Weiterbildung* hat sich in den vergangenen Jahren regelmäßig in Wien, Königstein, Budapest, Bonn, Birmingham und Siegen getroffen, vor allem um einen europäischen Studiengang für Konduktor-inn-en zu erarbeiten und abzustimmen.

Fähigkeiten

Im Rahmen von *KFR* werden alle Persönlichkeitsbereiche und unterschiedliche Fähigkeitsbereiche gefördert:

- *ästhetische;*
- *emotionale,*
- *intellektuelle,*
- *lebenspraktische,*
- *moralische,*
- *motorische und feinmotorische,*
- *soziale.*

Dabei wird von der Überzeugung ausgegangen, dass eine zerebrale Bewegungsstörung mit besonderen Fördermaßnahmen aktiv handelnd überwunden werden kann. Ziel ist eine weitgehende Unabhängigkeit von Hilfsmitteln bzw. Personen (vgl. *„Orthofunktion"*),

1. im Bereich der **perzeptiven** Möglichkeiten, **motorischen** Grundfähigkeiten und **koordinativen** Eigenschaften (Wahrnehmung und Wahrnehmungsverarbeitung, Sitzen, Stehen, Gehen, Laufen, Feinmotorik),
2. der **intellektuellen** und **sozial-emotionalen** Fähigkeiten (Sprache, Kulturtechniken, psycho-soziales Handeln) sowie
3. der **lebenspraktischen** *Fähigkeiten* (Essen, Kleiden, Hygiene).

Familien s. Eltern/Angehörige

Fazilitation

Ein weiteres, wichtiges Prinzip ist die *Fazilitation* (Erleichterung), um Sicherheit zu geben und Verletzungsgefahren auszuschalten, sowie um Korrekturen im Bewegungsablauf vorzunehmen.

Dabei lassen sich vier Formen unterscheiden:

* strukturelle *Fazilitation*
  (Raum, Zeit, Tagesablauf, Programmaufbau).
* mediale *Fazilitation*
  (Petö-Mobiliar, Ringe, Stäbe, usw.) sowie
* pädagogisch-psychologische und soziale *Fazilitation*
  (durch die Konduktorin, durch die Gruppe).
* individuelle *Fazilitation*
  (Motivation, Lernbereitschaft, Energie der Klient-inn-en)

Günter, Strassmeier bezeichnen alle Maßnahmen durch die die Klient-inn-en in ihrer *Aktivität* und Selbständigkeit unterstützt werden als *Fazilitation*. (Günter, Strassmeier 1996, 53). Tatlow beschreibt die motivierende Wirkung der Fazilitationsmaßnahmen hinsichtlich der Eigeninitiative des Mitdenkens und der Mitverantwortung der Klient-inn-en. (Tatlow 1990 und 1993, 144-158).

Feinmotorik

Im Bereich der fein- und sensomotorischen Lern- und Funktionsfähigkeit werden Hände und Füße gleichermaßen aktiviert. Dabei werden berücksichtigt: Taktiler Sinn, Tasten und Erfassen, Greifreflex und Loslassen, Berührungsempfindung, Handdominaz, Lateralität, Rechts-links-Gebrauch.

Zu den Grundfähigkeiten werden geübt: Finger- und Zehenausdifferenzierung und -koordination, Griffe, Haltungen,

Materialbeherrschung, Werkzeuggebrauch z. B. malen (schreiben), knöpfen, knoten, schnüren, schneiden, drehen, klopfen.

Bei der Entwicklung von Merkmalen, Eigenschaften und Grundfertigkeiten wird geachtet auf: Hand-/Fuß(gelenk)-beweglichkeit, Finger-/Zehenbeweglichkeit, Handkraft, Handgenauigkeit, Handgeschicklichkeit, Handbeherrschung, Hand-Hand-Koordination, Hand-Auge-Koordination, Finger-Finger-Koordination, Beidhändigkeit.

Vor allem durch Fingerspiele bei Kindern und Handprogramme werden die Ziele im Bereich der *Feinmotorik* methodisch umgesetzt.

Finanzierung

Die Entwicklungen in Deutschland und einer Reihe anderer Länder laufen im Bereich der Finanzierung z.Z. mehrgleisig:

1. *Finanzierung i.d.R. über das Gesundheitswesen*
Projekte im Rahmen medizinischer (Entwicklungs-) Rehabilitation, angesiedelt in Einrichtungen des Gesundheitswesens (Rehabilitations-Kliniken, Kinderneurologische Zentren, Sozialpädiatrische Zentren u. ä.), unter medizinischer Verantwortung, mit fest eingestellten Konduktor-inn-en, professioneller Supervision, wissenschaftlicher Begleitung oder Qualitätssicherung;

2. *Finanzierung i.d.R. über Sozialwesen oder Spenden*
Projekte im Rahmen pädagogischer (Früh-) Förderung, unter privater Trägerschaft, gelegentlich angesiedelt in Räumen von Kliniken;

3. *Finanzierung über Sozial- bzw. Bildungswesen oder Spenden*
Projekte im Rahmen (heil-)pädagogischer (Früh-) Förderung, i.d.R. kontinuierlich

4. Finanzierung über Sozialwesen oder Spenden
Projekte und Initiativen im Rahmen pädagogischer (Früh-) Förderung, i.d.R. phasenweise, als Förderwochen („Camps");

5. Finanzierung über Sozialhilfe, Schulbehörde oder privat
Sonstige Projekte und Initiativen, z. B. „Konduktive Pädagogik" ohne Konduktor-inn-en (!).

Seit Sommer 1999 finden auf Initiative des Vereins für Konduktive Förderung e. V., Siegen und des Verbandes der Angestellten-Krankenkassen e. V., Siegburg Arbeitsgespräche zwischen Vertretern der Projekte im Rahmen medizinischer (Entwicklungs-)Rehabilitation (1) und den Medizinischen Diensten der Krankenkassen statt.

fördern

Liegen Defizite im biologischen, psychologischen oder sozialen Zusammenhang vor, bedeutet das für das Kind Störungen und Hemmnisse im Austauschprozess mit den Bezugspersonen, mit dem Er„fassen", dem Be„greifen" aller ihn umgebenden Gegenstände, mit der unmittelbaren aktiven Aneignung seiner gesamten Umwelt. Ein Förderprozess muss angegangen und durchgeführt werden.

Der Förderprozess im Rahmen von *KFR* ist motivierend, aktivierend und positiv verstärkend angelegt sowie auf Selbsttätigkeit der Klient-inn-en ausgerichtet; Unterstützung wird, wo nötig gewährt, Versorgung wird vermieden.

Förderung, vgl. Konduktive Förderung (KFR)

ganzheitlich

Konduktive Förderung und Rehabilitation (KFR) ist *ganzheitlich* angelegt, das heißt, dass alle Persönlichkeitsbereiche, somatisch, kognitiv, sozial, gleichermaßen berücksichtigt und angegangen werden.

Nach ärztlicher Verordnung und laufender medizinischer Betreuung sowie ständiger Supervision wird das Förderkonzept im Rahmen medizinischer Rehabilitation **komplex** organisiert und von Konduktor-inn-en durchgeführt.

Ganzheitliche Förderung von Personen mit organisch und/ oder psychisch bedingten Funktionsstörungen (wie z. B. Zerebrale Bewegungsstörungen, Spina bifida, Parkinson-Syndrom, Multiple Sklerose u.a.m.), heißt nicht auf partielle Funktionsbereiche bezogene, sondern auf die Entwicklung der gesamten Persönlichkeit gerichtete therapeutische Bemühungen.

Reifung, Entwicklung und/oder Wiederherstellung werden durch therapeutische (z.b. entwicklungsfördernde), pädagogisch-psychologische (z.b. bewegungsfördernde, sprachfördernde) und pflegerische (Selbständigkeit u. Lebenspraxis fördernde) Absichten, von einer fachlich versierten Person gleichzeitig und gleichgewichtig integrativ in **Aufgabenserien** organisiert, verwirklicht und überprüft. Daraus ergibt sich die Möglichkeit einer **ganzheitlich**en Förderung.

Gedächtnis

In der Struktur des Konduktiven Systems sind Raum, Mobiliar, Zeit und Tagesablauf (tägliche Routine) tragende (äußere) Elemente, die funktional dazu beitragen, den Tag, die Woche, den Monat, das Jahr zu strukturieren, die Orientierung zu erleichtern, **Gedächtnis**, Lernen, Lebenspraxis und Sozialisationsprozess zu unterstützen

Alle bewegungsrelevanten Sinnesinformationssysteme sowie Sprache, **Gedächtnis-Denken**, Bewegungsempfindung und -vorstellung müssen als unterstützende, verbindende, Elemente im Zusammenhang mit dem motorischen Lernziel geplant werden. D.h. eine Funktionsverknüpfung von Sensorik und Motorik muss gegeben sein.

Gemeinschaft, s. Gruppe

Grobmotorik

Zur **grobmotorischen** Entwicklung der Lern- und Funktionsfähigkeit gehören z. B.: Lage- und Bewegungssinn, Bewegungsformen, Fortbewegung, Bewegungsrichtungen, Stellungs- und Muskelsinn, Raum- und Richtungssinn.

Grundfähigkeiten sind allgemeine und spezifische **grobmotorische** Funktionen, statische und dynamische Funktionen, Reaktion, Anpassung, Gleichgewicht und Rhythmisierung.

Merkmale, Eigenschaften und Grundfertigkeiten sind z. B.: Beweglichkeit (Tempo, Kraft, Fluss, Rhythmus), Ausdauer, Kraft, Gewandtheit, Geschwindigkeit, Geschicklichkeit, Koordination, Körperbeherrschung und integrative Körperwahrnehmung.

Verwirklicht werden diese Ziele mit Hilfe von **grobmotorischen** Programmen in Liege-, Sitz-, Steh-, Geh- und Laufpositionen im Rahmen der Gruppe und individuell. Sie dienen der Kontrolle der Körperhaltung und sollen pathologische (krankhafte) Muster verhindern bzw. abbauen oder verzögern.

Gruppe

. Die **Gruppe** wird im System **KFR** als Terrain gesehen, auf dem die Klient-inn-en Erlebnis- und Übungsmöglichkeiten haben, gesellschaftliche Zusammenhänge funktional zu begreifen.

Für die Arbeit in der **Gruppe** waren im Pilot-Forschungsprojekt 1990 − 1992 mögliche Ziele:

- Nachahmungsfähigkeit,
- Ansätze von Frustrationstoleranz,
- Akzeptieren des Schwächeren,
- durch Vergleiche motivieren und ermuntern lassen,
- die eigene Rolle in der *Gruppe* wahrnehmen lernen.

In der traditionellen Gruppenpädagogik, sind vergleichbare Kennzeichen zu finden. Einige charakteristische Grundsätze der Gruppenpädagogik, sind:

- Individualisieren,
- mit der Stärke arbeiten,
- anfangen, wo die *Gruppe* steht,
- und sich mit ihr, ihrem Tempo entsprechend in Bewegung setzen,
- Raum für Entscheidungen geben.

Grundsätzliche Überlegungen zur Gestaltung der *Gruppe* bei *Aktivitäten* sind z.b: Wer sitzt neben wem? Welche *Aktivitäten* werden in welcher Gruppenform ausgeführt? ...usw

Die Wirkung der Gruppensuggestion als aktivierendes, verstärkendes Element zeigt sich besonders bei der Anregung der Mitmachbereitschaft und der *Aktivität*, bei der Aufrechterhaltung der Aufmerksamkeit, als emotionale Verstärkerfunktion usw.

Schwierigkeiten und Widerstände, sich eine *Gruppe* von Kindern mit hirnorganischen Schädigungen in pädagogisch-therapeutischer Praxis vorzustellen, liegen in den grundsätzlichen Unterschieden gewohnter therapeutischer und pädagogischer Sichtweise. Während der „Therapieblick" die defekten und abnormen Symptome der Kinder sieht, sieht der „fördernde Blick" die Förderprogramme im Zusammenhang von *Alltags*bewältigungen: Körperhygiene, Essen und Trinken, An- und Ausziehen. Die Synthese aller Maßnahmen ist in additiven Fördersystemen ungewöhnlich. In der

Praxis Konduktiver Förderung ist sie Voraussetzung und Grundbedingung. Dabei ist die *Gruppe* ein wesentlicher Faktor.

Handlung

Kinder mit starken Beeinträchtigungen haben besondere Schwierigkeiten, serielle *Handlung*sfolgen zu bewältigen, mehrere manuelle Teilprozesse oder Operationen zu komplexen *Handlungen* zusammenzufügen und Anforderungen aus unterschiedlichen Anforderungsebenen miteinander zu verknüpfen." (Dobslaff 1997, 44)

Menschliche Tätigkeit existiert in Form von Handlungen und diese vollziehen sich in einem Prozess, der von einem Ziel bestimmt wird. Jede Bewegungshandlung ist durch das „Modell des Künftigen" zielbestimmt. Übertragen auf die Bewegungserziehung heißt dies, Kindern die Möglichkeit zu geben, in für sie sinnvollen Tätigkeiten sich neue motorische Kompetenzen anzueignen. Das Tätigkeitsniveau des einzelnen Kindes ist abhängig von seinem kognitiven Entwicklungsniveau, dass sich in der Qualität des Abbildes ausdrückt. Entsprechend den psychisch organisierten Abbildungsniveaus sind die Tätigkeiten für die Kinder zu organisieren, damit diese bedürfnisbezogene und bedeutungsvolle Wichtigkeit bekommen, somit emotional positiv bewertet werden und zur Motivbildung beitragen. Auf dieser Basis entstehen stabile Verhaltensweisen bei Kindern, im Sinne kompetenten Handelns in vielfältigen Situationen." (Müller, 1989, 58). Was hier beschrieben wird, trifft genau auf die Praxis konduktiver Förderung und Rehabilitation, vor allem die Planung und Durchführung zu:

- Sprache als vermittelnde Instanz zwischen motorischen und kognitiven Handlungen
- Aneignung durch aktive Operationen – *Handlung*stätigkeiten
- *Handlung*skette aufeinander folgender Bewegungen

Jede Tätigkeit eines Subjekts, die auf einen Gegenstand (Motiv) gerichtet ist, wird durch *Handlungen* realisiert, die durch *Ziele* bestimmt werden. Jede Handlung wird durch Operationen (automatisierte Handlungsverfahren) bestimmt, die von äußeren Bedingungen, z. B. der Situation oder bestimmten Faktoren abhängen.

Operationen	→	Bedingungen.
Handlung	→	Ziele
Tätigkeit	→	Gegenstand (Motiv)

(vgl. Weber, Rochel 1992, 304)

Tätigkeit als eine Kette von *Handlungen*. *Handlungen* sind zielgerichtet und werden durch die von äußeren Bedingungen vorgegebenen Operationen näher bestimmt.

Ist das Ergebnis eines *Programms* beispielsweise die Herausbildung einer Form des selbständigen Sitzens ohne Unterstützung, dann wird es bereits in der Realisierung des nächsten Programmpunktes mit angewendet, in dem es in eine andere *Handlung* mit eingebettet wird, zum Beispiel als Teil der Selbstbedienung (Mahlzeiten) oder als Form der Beteiligung in der schulischen Arbeit. Alle Teilrealisierungen zielen stets auf das Ganze, und jede *Handlung* beinhaltet die Erinnerung an den Kontext des Programms." (Kozma 1997, 14f.)

heilpädagogisch

KFR wird häufig nicht als *medizinische Rehabilitation* bezeichnet, sondern als *„heilpädagogische* Maßnahme" klassifiziert. Dieser Begriff gilt als unscharf und weit gefasst; er schließt z. B. ein:

- *Hilfsmittel* jeglicher Art, die der Reduzierung und Kompensation von Beeinträchtigungen und deren Folgen dienen;

- *Hilfen,* wie musische, motopädagogische, musiktherapeutische, sprachpädagogische oder spezielle schulische.

Der Begriff „Maßnahmen" impliziert Maßregeln und steht damit der kooperativ und interaktiv angelegten *Konduktiven Förderung und Rehabilitation* eklatant entgegen.

Hemiplegie

Spastische *Hemiplegie* heißt Halbseitenlähmung mit bevorzugter Beteiligung eines Armes. Im Falle spastischer *Hemiplegie* werden als Schwerpunkte konduktiver Förderung und Rehabilitation u. a. genannt:

* willkürliche Streckung der betroffenen oberen Extremitäten;
* Korrektur der Stellung von Handgelenk und Fingern;
* stufenweises Einschalten der gelähmten oberen Extremitäten in die Tätigkeit;
* entsprechende Belastung der unteren Extremität, Beugung und Streckung des Knies, Vorbeugung der Spitzfußentwicklung;
* Herausbildung der korrigierten Haltung der oberen Extremität während des Gehens bzw. die Herausbildung der physiologischen Mitbewegung.

Hilfsmittel

Im *Tagesablauf* und in den *Programmen* benutzen *Konduktor-inn-en* zur Erleichterung und Unterstützung *Hilfsmittel*, um gewünschte *Ziele* zu erreichen. Alle weiteren Mittel, Methoden und Medien sind entsprechend der Phantasie, Kreativität, didaktisch-methodischen Fähigkeiten, dem situativen Geschick der Konduktorin und der Lernbereitschaft der Kinder variabel einsetzbar. Jedoch sind alle *Hilfsmittel* auf die Eigenaktivität der Klient-inn-en ausgerichtet und nur zum Ansporn und zur Motivation gedacht. Ist ein Ziel erreicht, wird ein *Hilfsmittel* von neuen abgelöst oder am Ende auch ganz überflüssig. *Hilfsmittel*, die Passivität erzeugen könnten, werden grundsätzlich nicht verwandt;

so werden Rollstühle abgelehnt, aber Gehhilfen unterschiedlicher Art in Anspruch genommen.

Hilfsmittel sind z. B.:

• **Holzpritschen,** um Liege-, Sitz- und Greifprogramme durchzuführen;
• **Gehbarren,** um Gehen und Laufen zu festigen;
• **Stühle,** um zu laufen. Gewöhnlich werden in der allerersten Phase zwei Stühle rechts und links der Klient-inn-en als Unterarmstützen benutzt, danach wird ein Stuhl benutzt, den die jeweilige Person mit beiden Händen vor sich her schiebt. Der Stuhl wird abgelöst durch
• **Ringe,** die als Bindeglied zwischen Klient-inn-en und Konduktorinnen dienen. Die Ringe werden wiederum von
• kurzen **Stäben** abgelöst, an denen sich die Klient-inn-en „festhalten". Nach dieser Phase wird schließlich auf mediale Hilfsmittel verzichtet:
• Die Klient-inn-en benutzen lediglich ihre gefalteten nach vorne gestreckten eigenen **Hände** bis sie schließlich am Ende auch darauf verzichten können.

Hygiene

Die *Hygiene* gehört in den lebenspraktischen Lern- und Fähigkeitsbereich; die Klient-inn-en lernen (oder lernen wieder) selbständig für ihre Körperpflege zu sorgen und selbständig zur Toilette zu gehen. Hierbei spielen Körperwahrnehmung, Körpergefühl, Koordination und Körperbeherrschung aber auch Zeit- und Sauberkeitsgefühl eine wichtige Rolle.

Improvisation

Die *Improvisation* spielt in den *Aufgabenserien* eine wichtige Rolle. Hierbei werden verhaltenstherapeutische Prinzipien gezielt eingesetzt, z. B. Verstärkersysteme, allmähliche Annäherung und Imitationslernen.

Der Aufbau des Improvisationsspiels, als wesentliches Instrument **Konduktiver Förderung und Rehabilitation**, wird geprägt von seinem schrittweisen Aufbau:

1. *Themenfindung.*
2. *Reflexion des Themas*
3. *Erstellung des Rahmenstücks*
4. *Verwirklichung des Spielszenariums*
5. *Reflexion des Spiels.*

Individualprogramme

Programme erfüllen grob gegliedert folgende Funktionen; sie sind:

- Gruppen- und **Individualprogramme** (Kommunikation, Persönlichkeit),
- Pritschenprogramme (Lage-, Sitzpositionen),
- Laufprogramme (Stehen, Gehen, Laufen),
- Wahrnehmungsprogramme (Sensomotorik, Feinmotorik, Perzeption),
- Sprach- und Sachkundeprogramme, (Sprache und Denken),
- Lebenspraxisprogramme (Essen, Kleiden, Hygiene),

und werden stets integrativ miteinander vernetzt, bzw. mit ihren jeweiligen Inhalten horizontal zu Aufgaben- und Tätigkeitsserien verbunden.

Programminhalte bilden die Grundlage für die Zusammenstellung von Wochenplänen und Tagessequenzen. Hierbei handelt es sich auf keinen Fall um eine Aneinanderreihung vorhandener Programmteile, vielmehr sehen die Konduktor-inn-en ihre didaktische und methodische Aufgabe darin, Ziele, Inhalte und Methoden der Gruppen- und **Individual-**

programme an den Fähigkeiten und Bedürfnissen der Gruppe bzw. der einzelnen Gruppenmitglieder zu orientieren.

Programme und Tätigkeitsserien können und sollen nicht standardisiert werden! Jede Person, die verantwortungsbewusst Konduktive Förderung und Rehabilitation betreibt, kennt die spezifische Anwendbarkeit konduktiver Gruppen- und *Individualprogramme.*

Inhalte

Zu den *Inhalten Konduktiver Förderung und Rehabilitation* gehört die Persönlichkeitsentwicklung physio-psychischer, perzeptiver, emotional-affektiver, sprachlich-intellektueller, lebenspraktischer und psychosozialer Eigenschaften und Ausdrucksmöglichkeiten durch aktives Tätigsein; dazu zu zählen sind Aneignung und Adaption mit Hilfe von grobmotorischen *Inhalten* in Liege-Sitz-, Geh- Laufpositionen im Rahmen der Gruppe und individuell und Handprogramme und Fingerspiele während des Sitz- bzw. des Kindergartenprogramms; zu den *Inhalten* gehören weiterhin Wahrnehmungs-, Sprachförder- und Sachkunde- programme, vor allem während des Sitzprogramms bzw. Kindergartenprogramms; hinzu kommen Übungen in den *Alltags*fertigkeiten während des gesamten Tagesablaufs und *Aktivitäten* in allen Bereichen der Ästhetik und Kommunikation. Dies alles vollzieht sich im Rahmen der Gruppe und individuell zum Abbau pathologischer Muster und zur Kontrolle der Körperhaltung, zu individueller ästhetischer Entfaltung und Phantasie durch spontanes, situatives und motivierendes Handeln, das der Überwindung von Lernwiderständen und der Entfaltung der individuellen Ressourcen dient.

Die *Ziele* und *Inhalte Konduktiver Förderung und Rehabilitation* sind immer und jederzeit mehrdimensional angelegt: In die Breite angelegt verstehen wir alle simultan laufenden Programminhalte zu den Förderbereichen Grob- und Feinmotorik, Hand- und Fußgeschicklichkeit, Wahrnehmung,

Sprache, Kognition, Lebenspraxis und soziales Lernen konduktiv verwirklicht in Form von Tätigkeitsserien, in denen es Ziele gibt, die über Problemlösungen erreichbar werden. Dabei wird der Prozess der Problemlösung pädagogisch-psychologisch flankiert durch Motivationshilfen, Hilfen zur Erhaltung der Aufmerksamkeit, Fazilitation in jeder Weise und ständige teilnehmende Beobachtung. Die <u>Vertikale</u> stellt das in der allgemeinen Didaktik übliche Prinzip vom Groben zum Feinen hin auch in der Konduktiven Förderung und Rehabilitation dar. Die dritte Dimension, als <u>Tiefe</u> vorstellbar, umfasst alle Ziele für die gesamte Persönlichkeitsbildung in den grob- und psychomotorischen, fein- und sensomotorischen, perzeptiven, psychischen und kognitiven, emotional-affektiven, lebenspraktischen und sozialen Persönlichkeitsbereichen. Möglicherweise findet sich das „Geheimnis" des konduktiven Fördererfolges in dieser Dreidimensionalität.

Im Bereich von Körper und Körperhygiene können *Inhalte* z. B. sein

* Körper – Funktionen – Hygiene
* Baden lernen
* Nasenschutz und Nasenpflege

Im Bereich von Motivation, Kreativität und freiem Spiel könnten *Inhalte* z. B. sein:

* Fingerausdifferenzierung und -koordination
* Hand-Auge-Koordination
* Gerade Körperhaltung
* verbunden mit Liedern und Fingerspielen.

Im Bereich Sachkunde, für die Jahreszeit Herbst sind z.B. folgende *Inhalte* denkbar:

* Blätter und Kastanien sammeln,
* Obst pflücken,
* Mit Blättern drucken,

- Mit Kastanien basteln,
- Obstsalat herstellen.

Um Bedingungen für den Erwerb des Sprachvermögens bzw. die Spracherziehung zu schaffen können *Inhalte* z. B. sein:

- Spiegelbild betrachten und wahrnehmen,
- Spiel: Würstchen schnappen,
- Rätsel: Lippenbewegungen „Lesen".

Im Bereich von Familie, Familienmitgliedern und Geschlechterdifferenzierung können *Inhalte* z. B. sein:

- Erfahrungen über Zusammensetzung, Individualität und Wert der Familie,
- Kenntnisse über mögliche Aufgabenverteilung innerhalb der Familie,
- Familie und Gesellschaft,
- Gruppenbewusstsein,
- Anschauungskreis.

Die didaktische Zusammenführung (Konduktion) der Themen mit den *Inhalten* körperlicher, geistiger, psychischer bzw. sozialer Funktions-, Lern-, bzw. Lebensbereiche vollzieht sich methodisch über den Handlungsrahmen ästhetischer und kommunikativer Aktivitätsfelder, d. h., Aufgaben und Problemlösungen werden in Tätigkeitsformen eingebaut, mit Hilfe von Spiel, Theater, Musik, Rhythmik, Tanz, Bewegung, Atmung, bildnerische und gegenständliche Gestaltung, Sprache (z. B. Reime und Rätsel), Literatur und (Massen)Medien. Das gesamte Repertoire ästhetischer und kommunikativer Möglichkeiten wird be- und genutzt, um therapeutische Ziele angemessen und entwicklungsgerecht komplex zu verwirklichen.

Alle Programminhalte bilden die Grundlage für die Zusammenstellung von Wochenplänen und Tagessequenzen. Hierbei handelt es sich auf keinen Fall um eine Aneinanderreihung vorhandener Programmteile, vielmehr sehen die Konduktor-inn-en ihre didaktische und methodische Aufgabe darin, Ziele, *Inhalte* und Methoden der Gruppen- und Individualprogramme an den Fähigkeiten und Bedürfnissen der Gruppe bzw. der einzelnen Gruppenmitglieder zu orientieren.

Die *Inhalte* der Programme werden in Themen und/oder Projekte eingebettet und als Tätigkeitsserien aufbereitet. Die leitenden Konduktor-inn-en planen sorgfältig, wägen alle wichtigen Aspekte ab und stellen alle Anforderungen systematisch aufeinander ein. Immer wird Operieren, Handeln, Tätigsein, learning by doing didaktisch kalkuliert, immer wird versucht die Programm*inhalte* horizontal thematisch zu vernetzen und mit Möglichkeiten ästhetischer und kommunikativer Mittel zu verbinden. Dadurch scheint ein hoher Grad an Motivation und Aufmerksamkeit aber auch an Wille erreicht zu werden.

Integration

Eine der obersten Sinngebungen ist die *Integration* und Normalisierung der Klient-inn-en in das gesellschaftliche Leben. Wenn der Integrationsvorgang von Geburt an oder über längere Zeit beeinträchtigt bzw. gestört ist , können sich komplexe Fehlfunktionen herausbilden. Die Einzelfunktionen entwickeln sich, wenn überhaupt, in einem labilen Nebeneinander. Die höhere Leistung, die integrative Einschmelzung der Einzelfunktionen in einem komplexen Funktionsvollzug gelingt in der Regel nicht mehr. Die Kinder mit massiven Dysfunktionen können dann besondere Schwierigkeiten haben, serielle Handlungsfolgen zu bewältigen, mehrere manuelle Teilprozesse oder Operationen zu komplexen Handlungen zusammenzufügen und Anforderungen aus unterschiedlichen Anforderungsebenen miteinander zu verknüpfen.

Intendierung

Als spezifische Form der Aktivierung des inneren Mitsprechens kann die Intendierung (die verbale Vorwegnahme der nachfolgenden Handlung) angesehen werden. Die Intention bedeutet eine spezifische Form der Aktivitätslenkung in Richtung Zielrealisierung und beinhaltet selbst keine aktive Bewegung. Bei der *Intendierung* verändert sich der Zustand des gesamten Körpers. Der Körper bereitet sich auf die Aufgabenlösung vor. Die notwendige Motivation und Konzentration wird hergestellt. Das bedeutet, mit Hilfe der *Intendierung* nehmen wir Einfluss auf den Spannungszustand des gesamten Organismus bzw. auf das gesamte Zentralnervensystem, einschließlich der Sprachbewegungsmuskulatur.

Besondere Bedeutung für die Sprachförderung der Klientinn-en mit zentralen Bewegungsstörungen hat also die rhythmische *Intendierung,* weil sie in besonderem Maße aktivierend, prozesssteuernd und spannungsregulierend wirkt.

Die Wirkung des Gruppeneinflusses als aktivierendes, verstärkendes Element zeigt sich besonders bei der *Intendierung* der Mitmachbereitschaft und der *Aktivität*, bei der Aufrechterhaltung der Aufmerksamkeit, als emotionale Verstärkerfunktion usw. Das gemeinsame oder das kooperative Tun in der Gruppe fördert die Herausbildung des kommunikativen Rollenverständnisses.

Interaktion

Das Kind ist bereits pränatal und von den ersten Lebenstagen an von Reflexen begleitet, ein Wesen mit eigenem psychischen Erleben, wenn auch noch diffus organisiert. Seine primären lebenserhaltenden Bedürfnisse nach Nahrung, Wärme und Bewegung werden ergänzt von Bedürfnissen, die mit der funktionellen *Entwicklung* des Großhirns verbunden sind, die Bedürfnisse nach neuen Eindrücken als Hauptantrieb. Im Laufe des ersten Lebensjahres bauen sich darauf soziale Bedürfnisse auf, Kontakte zu anderen Menschen zu knüpfen, nach Kommunikation mit ihnen, Zuwendungen und Unterstützung.

Bewegung ist das aktive Verhalten des Feten bzw. Neugeborenen im Dialog mit der Umwelt. Das Neugeborene verfügt bereits über reichhaltige funktionelle motorische Kompetenzen, die seinen Dialog mit der Umwelt absichern. Das Neugeborene hat bereits die Fähigkeit, Reize in einen Beziehungskontext zur Umwelt einzuordnen und so den Dialog aufzubauen.

Die unterschiedlichen Arten der Bedürfnisbefriedigung fixieren sich auf die erwachsene Person. Das Kind selbst versucht auch durch seine Handlungen sich im *Interaktions*prozess mit Erwachsenen zu üben, z. B. das wiederholte Werfen eines Gegenstandes auf den Boden, u. v. m. (vgl. Weber, Rochel 1992).

Bewegung gilt als Teilsystem in der *Handlung*, deren bestimmende Komponenten bewusste, zielgerichtete, motivierte und emotionale Bewertung sind. *Bewegung* ist nicht nur die Reaktion des Subjekts auf Reize, sondern die Basis der aktiven Prozesse der Gestaltung der Austauschprozesse mit der Umwelt, im Rahmen von Tätigkeiten, die in Handlungen konkretisiert werden.

Bewegung, Sprache und *Interaktion* sind wichtige Elemente, aus denen sich Entwicklung zusammensetzt; Aus diesem Grunde ist es bedeutend, dass wir auch die die konduktive Gruppe charakterisierenden Haupt*interaktion*en verwenden:

- Variation der Wechselwirkungen;
- Stellen gegenseitiger Forderungen;
- Gegenseitige Aufklärung, Beispielwirkung!
- Gegenseitige Einschätzung und Kontrolle.

interdisziplinär

Konduktive Förderung und Rehabilitation soll in umfassender, mehrdimensionaler und *interdisziplinärer* (d. h. Vernetzung mehrerer Disziplinen) Weise beim funktionsgestörten oder leistungsgewandelten, behinderten – oder von Behinderung bedrohten – Menschen, zusammenführen, was zusammengehört. Zerebralgeschädigte Klient-inn-en sind i.d.R. vor allem bewegungsgestörte, also körperbehinderte Menschen. Aus diesem Grund sollen durch *konduktive Förderung und Rehabilitation* Entwicklungs-, Lern- und Sozialisationsprozesse gleichzeitig und gleichgewichtig, also integrativ dynamisch, angebahnt, systematisch aufgebaut und gefestigt werden. Dies betrifft Kinder nach hirnorganischen Schädigungen, vom Säuglingsalter an, längstens bis zum Eintritt der Vorpubertät und Erwachsene nach *Apoplex*, bei *Parkinson* und *Multipler Sklerose*.

kinästhetisch

Dies ist die Bezeichnung für die an die Ausführung von körperlichen Bewegungen geknüpften Muskel-, Sehnen-, Gelenk- und Tiefenempfindungen.

kleiden

Im Bereich der lebenspraktischen Fähigkeiten wird neben dem Erlernen des selbständigen Essens und Trinkens sowie aller hygienischen Verrichtungen auch das selbständige An- und Aus*kleiden* als fester Bestandteil von Trainingsprogrammen geübt.

Kommunikation

In den etablierten Bereichen von Förderung und Rehabilitation erhöht die Zunahme der Zusatzausbildungen das bereits bestehende Problem der fachlichen Spezialisierungen.

Das bedeutet, dass sich Klient-inn-en auf unterschiedliche Personen einzustellen haben, die unterschiedliche Temperamente, *Motivationen, Ziele, Methoden* u.a.m. haben: Die Physiotherapeutin beschäftigt sich mit dem Körper, die Logopädin mit der Sprache, die Ergotherapeutin mit Selbsthilfe- oder Wahrnehmungstraining, die Erzieherin mit ästhetischen, praktischen und sozialen Inhalten etc.. Die Ebene der *Kommunikations-* und Beziehungsstruktur kann häufig unter den Bedingungen der Vielfalt funktionalisierter Bezugspersonen kaum hergestellt oder intensiviert werden.

Dagegen stimuliert und sichert das Konduktorenprinzip soziale Beziehungen sowohl zwischen Therapeutin und Patienten als auch zwischen den Klient-inn-en. Dies wiederum fördert das Selbstvertrauen und somit die Äußerungsbereitschaft der Klient-inn-en. Eine der wichtigsten Aufgaben der Konduktor-inn-en besteht in der Zusammenführung der Einzelfähigkeiten im Praxisalltag -vorwiegend spielerisch im Rahmen von Projektarbeiten- zu komplexen altersgemäßen und *alltags*typischen Tätigkeiten. Die Gruppenarbeit bringt durch Bündelung der sozialpsychologischen Verstärker für die Kommunikationsförderung große Vorteile (soziale *Fazilitation*). Die Gruppensuggestion als aktivierendes, verstärkendes Element zeigt sich z. B. bei der *Intendierung* von Aufgaben, der Mitmachbereitschaft und der *Aktivität*, bei der Aufrechterhaltung der *Aufmerksamkeit*, als emotionale *Verstärkung*. Das gemeinsame oder das kooperative Tun in der *Gruppe* fördern die Bildung des kommunikativen Rollenverständnisses.

Komplexität

Konduktive Förderung und Rehabilitation ist ein *ganzheitliches* Konzept, das die facettenreichen Aspekte der Ziele, Prinzipien, Inhalte, Methoden, und Medien sowohl in ihrer *Komplexität* als auch ihrer *Integration* in eine Struktur einbindet. Inhaltlich erstreckt sich die Konduktive Förderung und Rehabilitation (KFR) auf folgende Bereiche: grobmotorische, feinmotorische, Wahrnehmungs-, Sprach-, kognitive, emotionale sowie psycho-soziale Förderung sowie die Förderung lebenspraktischer und sozialer Fähigkeiten. Die innere **Komplexität** und Differenziertheit wird über die Darstellung der Programmstrukturen in der Praxis deutlich und ist ein Erfordernis, das immer ausnahmslos berücksichtigt werden muss.

Konduktive Förderung und Rehabilitation (KFR)

Konduktive Förderung und Rehabilitation (KFR) soll in umfassender, mehrdimensionaler und interdisziplinärer Weise beim funktionsgestörten oder leistungsgewandelten, behinderten – oder von Behinderung bedrohten – Menschen, zusammenführen, was zusammengehört. Zerebralgeschädigte Klient-inn-en sind i.d.R. vor allem bewegungsgestörte, also körperbehinderte Menschen. Aus diesem Grund sollen **durch Konduktive Förderung und Rehabilitation (KFR)** Entwicklungs-, Lern- und Sozialisationsprozesse gleichzeitig und gleichgewichtig, also integrativ-dynamisch, angebahnt, systematisch aufgebaut und gefestigt werden. Dies betrifft Kinder nach hirnorganischen Schädigungen, vom Säuglingsalter an, längstens bis zum Eintritt der Vorpubertät und Erwachsene nach Apoplex, bei Parkinson und Multipler Sklerose. Im Laufe der ersten Lebensjahre manifestieren sich bei Kindern oft sekundär eine Reihe weiterer Fehlfunktionen und Fehlverhalten hinzu. So kann im Laufe der (ersten) Lebensjahre eine **frühkindliche Hirnschädigung** (ICP) später zu einer Mehrfachbehinderung werden. Zerebrale Bewegungsstörungen werden als dynamische Größe betrachtet, die – vor allem auf der Grundlage von Tätigkeits- und Lerntheorie – mit breit angelegten Fördermaßnahmen **aktiv** beeinflusst und bestenfalls überwunden werden können. Alle dazu erforderlichen Maßnahmen werden konduktiv aufeinander abgestimmt, miteinander vernetzt und ineinander verwoben (vgl. Verein für konduktive Förderung 1997[9]).

Konduktiv-mehrfachtherapeutische Förderung

Durch intensive, wiederholte Studienaufenthalte der Österreicherin *Helga Keils* in Ungarn noch zu Lebzeiten *Petös* fand eine Auseinandersetzung mit dem konduktiven System statt; im Laufe der Zeit wurde es auf westliche therapeutische und pädagogische Standards hin weiterentwikkelt. Dies soll auch der Name *„Konduktiv-mehrfach-the-rapeutische Förderung"* darstellen.

Die Bezeichnung *„Förderung"* in diesem Zusammenhang wurde von Karin S. Weber geprägt. Da dies der einzige deutschsprachige Begriff ist, der sowohl ein therapeutisches als auch pädagogisches System gleichermaßen versinnbildlichen kann, wurde er später auch in Österreich und mittlerweile sogar in Ungarn übernommen.

Die Zusatzbezeichnung „Mehrfachtherapie" wurde mit Zustimmung von Andreas Rett (Wiener Neuropädiater, 1924-1997) entwickelt, um auf die neben dem pädagogischen Anteil bestehende, mehrere Therapiebereiche umfassende, qualitativ und quantitativ gleichermaßen und immer gleichzeitig vorhandene also mehrfachtherapeutische Basis hinzuweisen.

Der Begriff *„Konduktiv"* (vom Lateinischen conducere) der das zusammenführende, weiterführende und nutzende Wesensmerkmal dieses komplexen Fördersystems darstellt, sollte nicht nur als Summe therapeutischer und pädagogischer Fachbereiche gesehen werden, sondern vor allem auf einer übergeordneten Ebene, auf der eine neue Qualität von zunehmender *Aktivität*, Bewusstheit und Selbststeuerung im Einzelnen entsteht und durch diesen geförderten *Entwicklung*sprozess der Gesamtpersönlichkeit zu immer größerer Selbständigkeit des geförderten Menschen führt.

Konduktor-inn-en

Die Qualifikation, mit der *Konduktor-inn-en* (meist weiblich) ausgestattet sein müssen, lässt therapeutische, pädagogische und pflegerische Teilinhalte zu einem einzigen Beruf verschmelzen. Dabei geht es nicht um ein Nebeneinanderexistieren unterschiedlicher Aufgaben einzelner Berufe, sondern die Vielfalt findet sich in einem integrierten Programmangebot für die körperlichen, seelischen und intellektuellen Belange des Kindes oder Erwachsenen. Der zwischenmenschliche Bezug wirkt motivierend und schafft eine anregende *Atmosphäre* des Übens, Spielens und Lernens.

Die *Konduktor-inn-en* entscheiden unter Leitung und Verantwortung eines Facharztes mit ständiger *Supervision* über (Teil-)*Ziele, Inhalte* und *Methoden* des Förderplans und arbeiten dabei mit den Familien zusammen.

In Ungarn handelt es sich um eine 8-semestrige College-Ausbildung nach dem Abitur, in der die Anteile von Theorie und Praxis eng verknüpft werden. Der Studienabschluss ist in Deutschland nicht anerkannt; auch fehlt die Anerkennung als medizinischer Hilfsberuf. Deshalb dürfen ungarische. Dipl.-*Konduktor-inn-en* nur unter Leitung eines Facharztes bzw. in Projekten mit wissenschaftlicher Begleitung in Deutschland legal praktizieren. Weder in Ungarn, noch in Deutschland dürfen sich *Konduktor-inn-en* selbständig in Praxen „niederlassen".

Von allen in anderer Weise angebotenen Praktiken muss nach gegenwärtigem Kenntnisstand abgeraten werden!

Kontinuität

Kontinuität in Zeit, *Raum* und Gruppenstruktur ist notwendig, um den Patienten mit zerebralen Bewegungsstörungen eine feste Struktur und Orientierung zu geben, in der sie lernen können, Selbstvertrauen und Sicherheit zu entwickeln, um überhaupt aktiv zu werden. Neben der **Atmo-sphäre** spielt dabei die unmittelbare **Umgebung** eine sehr große Rolle.

Krankenkassen

Anfragen bei Geschäftsstellen aller deutschen **Kranken-kassen** einerseits, die Bitten der Versicherten um Begut-achtung und Stellungnahme zum Zwecke der Kostenerstat-tung andererseits, sind symptomatisch für die gegenwärti-ge Situation, wenn es um konduktive Behandlung geht.

Die **Krankenkassen** verfahren i. d. R. derzeit nach dem Prinzip der Einzelfallentscheidung, nach Anhörung eines Medizinischen Dienstes (MDK). Die MDKs sind dabei oft überfordert, weil ihnen weitgehend Informationen und Er-fahrungswerte fehlen und die umfangreiche (auch englisch-sprachige) Literatur unbeachtet bleibt. Konkret hat sich das an einer Reihe von Gutachten gezeigt.

Allerdings zeigt sich im Bemühen von einschlägigen Ver-bänden und Spitzenverbänden der **Krankenkassen** das Bemühen, die Fragen der Anerkennung und Kostenerstat-tung in absehbarer Zeit zu lösen. Dabei werden nur solche Institutionen berücksichtigt werden können, die unter medi-zinischer Leitung und Verantwortung stehen. Solche Ein-richtungen sind z. B. Klinikzentrum Mühlengrund, Bad Wil-dungen, Institut Kinderneurologie, Königstein, Kinderzen-trum München, Sozialpädiatrisches Zentrum der Kinderkli-nik Neunkirchen-Kohlhof, Neunkirchen, Interdisziplinäres Therapiezentrum Haus Franken, Unterleinleiter.

Lateralität

Lateralität bedeutet Seitigkeit. Der heute übliche Begriff der funktionellen Asymmetrie des Gehirns bedeutet, dass es hinsichtlich der Funktionen eine Art Arbeitsteilung beider Hirnhälften zu geben scheint. Bei (frühkindlichen) Hirnschädigungen und auch z. B. bei Schlaganfallpatienten ist häufig durch die Verletzung einer Hirnhälfte eine Hemiplegie (halbseitige Lähmung) die Folge. Je nachdem welche Hirnhälfte geschädigt ist, zeigt sich eine Funktionsbeeinträchtigung jeweils an der körperlichen Gegenseite.

Lernen

Menschliches *Lernen* ist auf Aneignung gerichtet. Beim *Lernen* steht die Individualentwicklung und die Persönlichkeit im Vordergrund. Persönlichkeit entsteht durch die aktive Auseinandersetzung des Individuums mit der (Um-)Welt. In bestimmten Stadien des *Lernens* ist der Mensch auf andere, auf Kooperation und *Kommunikation* angewiesen. Beim gesunden Kind läuft das Bewegungslernen, begleitet durch Reaktionen der Bezugspersonen, entwicklungsbedingt ab. Liegen Defizite vor, bedeutet das, dass Störungen und Hemmnisse im Austauschprozess mit den Bezugspersonen, mit dem Er„fassen", dem Be„greifen" aller umgebenden Gegenstände entstehen können. Der Aneignungsprozess als Lernprozess über die Bewegung verläuft eingeschränkt.

Um überhaupt *lernen* zu können, muss der Mensch bereit sein, sich mit einem Lerngegenstand auseinanderzusetzen (Lernbereitschaft). Der Zustand des Motiviertseins erfordert physische, psychische und geistige Aktivität, die i. d. R. dadurch entsteht, dass auf einen Lernwiderstand gestoßen wird, den es zu überwinden gilt. Den Widerstand erlebt der Lernende nur, wenn bei ihm (durch Verstärkung, z. B. Lob, Erfolgserlebnis) eine Erwartung aufgebaut worden ist, durch deren Blockierung die Motivation als Bedürfnisspannung entsteht.

In der Struktur des *Lernens* im Rahmen Konduktiver Förderung und Rehabilitation sind unübersehbar Grundzüge der Lerntheorie zu finden. Die klassische Lerntheorie baut auf dem Pawlowschen System auf, das Petö als Mediziner bekannt war. *Lernen* wird bei Pawlow als Verknüpfung eines biologischen Reizes (Reflexes) mit einem neutralen Reiz (von außen) verstanden, wobei es beim systematischen Darbieten beider Reize im *Lern*prozess auch zu einer ähnlichen Reaktion kommen kann, wenn nur der neutrale Reiz allein dargeboten wird.

Mit dem Begriff der operanten oder instrumentellen Konditionierung kann das Erlernen von Verhaltensweisen beschrieben werden, die auf der Ebene der Verknüpfung von Reiz-Reaktion liegen. Operantes oder instrumentelles Konditionieren als *Lern*prozess wurde systematisch von Skinner untersucht. Dieser Vorgang beinhaltet die Erfahrung des Verstärkens, d. h., wird unmittelbar nach Beendigung einer bestimmten Aufgabe ein „verstärkender Reiz dargeboten", erhöht sich die Wahrscheinlichkeit, dass unter gleichen oder ähnlichen Bedingungen die gleiche Aufgabe wieder gelöst wird.

Lernen durch Nachahmung oder *Lernen* am Modell oder Imitationslernen wurde von Bandura experimentell erforscht. Bandura hat nachgewiesen, dass das *Lernen* neuer Verhaltensweisen durch Beobachtung einer wichtigen Bezugsperson bewirkt wird. Je bedeutsamer die Person und je intensiver die Beziehungsstruktur zu dieser Person, um so wirksamer kann der Lernprozess sein. Das Imitationslernen kann als gemeinsamer Prozess einer Gruppe stattfinden.

Eine weitere Form des *Lernens* stellt das Lernen durch Einsicht dar (insight-learning). Das *Lernen* durch Einsicht beinhaltet als typische Form des Lernens das Problemlösen, d.h. das Prinzip der Lösung wird erkannt und auf die Aufgabenstellung, auch eine neue, übertragen. Es geht darum *Lernen* zu lernen.

Material

Bei Aufbau und Entwicklung von Lernbereitschaft, Lern-
und Funktionsfähigkeit in allen Persönlichkeitsbereichen
nimmt das eingesetzte *Material* eine wichtige Rolle ein.

Im Bereich der Grob- und Psychomotorik sind das z. B.:

* Spezielles *Material*: Pritschen, Stühle, Gehbarren, Laufstraße,
* flache Kisten, Stäbe, Ringe, Seile, Säckchen, Bälle, Reifen,
* Markierungen;

Im Bereich der Senso- und Feinmotorik, z. B.:

* Mal- und Zeichen*material* u. -gerät,
* Bau-, Werk- und Steck*material*,
* Spiele (z.b. Labyrinthe),
* Konstruktionsspiele,
* Musikinstrumente und Lieder,
* Legestäbchen,
* Koch- und Backbedarf,
* Steckmosaike,
* Formenspielzeug.

Im Bereich von Psyche und Kognition, z. B.

* Erkennungsbilder,
* Formensteckbrett,
* Legestäbchen,
* Steckmosaik
* Puzzle,
* Lottospiele, Erinnerungsspiele,
* Pictogramme, sachkundliche Spiele,
* Reimspiele, Rätsel, Scherzaufgaben,
* Magnetspiele,
* Konstruktionsspiele und – *material*ien,

- Tiere,
- Fahrzeuge,
- Uhr
- (Bilder)bücher.

Im Bereich von Lebenspraxis und Sozialverhalten:

- Spiel*material*, Puppen, Tiere,
- Einfache Musikinstrumente,
- Lieder,
- Farben und Bau*material*,
- Werk*material*,
- Bälle, Reifen, Seile u.ä.,
- Kassettenrecorder, Diaprojektor, TV
- (Kinder)Bücher,
- Körperpflegemittel,
- Rollenspiele, Verkleiden,
- Exkursionen

mehrdimensional

Die *Ziele* und *Inhalte* Konduktiver Förderung und Rehabilitation sind immer und jederzeit *mehrdimensional* angelegt: In die Breite angesiedelt sind alle simultan laufenden
Programminhalte zu den Förderbereichen Grob- und Feinmotorik, Hand- und Fußgeschicklichkeit, Wahrnehmung,
Sprache, Kognition, Lebenspraxis und soziales Lernen, konduktiv verwirklicht in Form von Tätigkeitsserien, in denen
es Ziele gibt, die über Problemlösungen erreichbar werden.
Dabei wird der Prozess der Problemlösung pädagogisch-
psychologisch unterstützt durch Motivationshilfen, Hilfen zur
Erhaltung der Aufmerksamkeit, Fazilitation in jeder Weise
und ständige teilnehmende Beobachtung. Die Vertikale stellt
das in der allgemeinen *Didaktik* übliche Prinzip vom Groben zum Feinen hin auch in der Konduktiven Förderung
und Rehabilitation dar. Die dritte Dimension, als Tiefe vorstellbar, umfasst alle Ziele für die gesamte Persönlichkeits-

bildung in den grob- und psychomotorischen, fein- und sensomotorischen, perzeptiven, psychischen und kognitiven, emotional-affektiven, lebenspraktischen und sozialen Persönlichkeitsbereichen.

Mehrfachbehinderung

Mehrfachbehinderung liegt vor, wenn ein Mensch von mehr als einer Behinderung betroffen ist. Klient-inn-en mit zerebralen Schädigungen sind i.d.R. vor allem bewegungsgestörte, also körperbehinderte Menschen. Im Laufe der ersten Jahre manifestieren sich bei Kindern oft sekundär eine Reihe weiterer Fehlfunktionen und Fehlverhalten hinzu. So kann im Laufe der (ersten) Lebensjahre eine frühkindliche Hirnschädigung (ICP) später zu einer *Mehrfachbehinderung* werden.

Mehrfachbehinderung kann auf unterschiedliche Weise erworben werden:

• Als Folge eines Schädigungssyndroms, z .B. die zerebrale Bewegungsstörung bewirkt eine Körperbehinderung, daneben oft auch Sprach-, Lern- und Verhaltensauffälligkeiten („multiple primäre Form").

• Als Folge einer Behinderung, z. B. Sprachbehinderung als Folge von Gehörlosigkeit oder Verhaltensstörungen als Folge einer „Geistigen" Behinderung (konsekutive Form).

• Als Folge schicksalhafter Zusammenhänge, z. B. ein Blinder wird durch einen Verkehrsunfall zufällig körperbehindert (sekundäre Form).

Einfache Grundbehinderungen bilden eher die Ausnahme.

Methodik

Methodik fragt immer danach **w i e** man etwas macht. Konduktive Förderung und Rehabilitation verknüpft die zu erwerbenden Grundfähig- und -fertigkeiten mit Tätigkeitszusammenhängen im *Alltags*leben (*Aufgabenserien*). Der Steuerungsfunktion der *Sprache* kommt dabei ein zentraler Stellenwert zu („*Rhythmisches Intendieren*"). Über die *Sprache* wird die Formungsfähigkeit von Gehirnfunktionen genutzt, wodurch auf anderem und höherem Niveau als reflexbezogene Therapien agiert wird.

Besondere Bedeutung wird der *Tagesordnung*, der Umgebung bzw. Aspekten wie *Motivation*, Aufrechterhaltung der *Aufmerksamkeit*, teilnehmender *Beobachtung* und konduktiver *Fazilitation* beigemessen.

Mobiliar / Möbel

Bei *KFR* kommt spezielles *Mobiliar* zum Einsatz:

* Holzpritschen,
* Große und kleine Stühle mit Sprossenlehnen,
* Gehbarren,
* Laufstraße,
* Sprossenwand,
* flache Kisten.

Diese Grundausstattung gehört in jede Gruppe.

Modellversuch

1990 bis 1992 wurde als Forschungsauftrag des *Bundesministeriums für Arbeit und Sozialordnung*, unter der Gesamtleitung von *Prof. Dr. K. S. Weber* ein deutsches Forschungs- und Entwicklungsprojekt mit klinischem *Modellversuch im Rahmen medizinischer Rehabilitation* durchgeführt. Die Organisationsstruktur des Vorhabens war außergewöhnlich: ein Pilotprojekt des Bundes, wissenschaftlich geleitet und koordiniert an einer nordrhein-westfälischen Universität (Siegen), einschließlich eines klinischen *Modell-*

versuchs an einer hessischen Fachklinik (Taunusklinik Falkenstein), personell u.a. ausgestattet mit deutschen Ärzten, Pädagog-inn-en und ungarischen Konduktorinnen.

Bei dem Forschungs- und Entwicklungsprojekt ging es nicht um die Kopie der traditionellen ungarischen „Konduktiven Pädagogik"/ „konduktiven Erziehung", mittlerweile gern „Petö-System" oder „Petö-Methode" genannt, sondern um die theoretische und praktische Erforschung dieses Ansatzes mit Hilfe ungarischer Konduktorinnen; darüberhinaus um eine Weiterentwicklung mit Hilfe eines interdisziplinären deutschen Wissenschaftlerteams, auf Erfordernisse zeitgemäßer westeuropäischer Frühförderung hin zugeschnitten.

Den 12 Kindern standen im Gruppenalltag 2,5 Konduktorinnen zur Verfügung, d.h. 2 Frauen täglich und eine an zwei Tagen pro Woche, vor allem zur Durchführung des sogenannten Kindergartenprogramms. Das entspricht einem Betreuungsverhältnis von 6:1 an 3 Wochentagen, bzw. von. 4,8:1 an 2 Wochentagen

Im Rahmen des Geamtvorhabens wurden die folgenden Ziele festgelegt:

1. *Durchführung* eines klinischen ***Modellversuchs*** in ambulanter Form, zur kontinuierlichen medizinischen Begleitung und Beobachtung bzw. zur inhaltlichen
2. *Erarbeitung und Erprobung* eines deutschen konduktiven Förderprogramms;
3. *Auswertung* des klinischen ***Modellversuchs***, unter Einbeziehung einer „Kontrollgruppe" im gleichen Untersuchungszeitraum konventionell behandelter Kinder;
4. *Erarbeitung* theoretischer Grundlagen Konduktiver ***Förderung***, aufbauend auf der „Philosophie" ***Petös***;
5. *Durchführung* von zwei internationalen Expertentagungen;
6. *Aufbau* eines deutschen Literaturarchivs zur Konduktiven ***Förderung***.

Die Bezeichnung „**Konduktive Förderung**", wurde im Rahmen des Forschungsprojektes geprägt und mittlerweile auch international etabliert; damit sollte die modernisierte *Form Konduktiver Förderung und Rehabilitation (KFR)* vom traditionellen ungarischen (*Petö*-)System abgegrenzt werden, ihm in den Kerngedanken jedoch präzise folgen.

Der klinische *Modellversuch* in der Taunusklinik Falkenstein, in den 12 zerebralgeschädigte, mittelschwer bis schwer behinderte Kinder eingebunden waren, führte in anschaulicher Weise an die praktische Planung, Arbeitsweise, Dokumentation und den Umgang im Rahmen Konduktiver Förderung durch ungarische *Konduktorinnen* heran. Er warf bei der Supervision, die wie in Ungarn kontinuierlich im Gesamtteam (wiss. Begleitung, Ärzte, *Konduktorinnen*) erfolgte, stets Fragen zu Zielen, Absichten, Erziehungsstilen, Methoden, Mitteln und Rahmenbedingungen auf.

Die werktags angebotene 4-stündige Gruppenarbeit war für die Projektkinder erfolgreich und nachhaltig wirkungsvoll: Die im Verlauf des Projektes kontinuierlichen und vor allem die abschließenden medizinischen Untersuchungen und deren Auswertung zeigten, dass bei allen Kindern eine medizinisch nachweisbare dynamische gesamtpersönliche Entwicklung stattgefunden hat, die sich neben dem physischen- und perzeptiven-, auch im Lern-, Selbständigkeits- und Sozialbereich nachweisen ließ.

Band 2 der Reihe *Konduktive Förderung und Rehabilitation* mit dem Titel „Medizinische Verantwortung bei konduktiver Förderung und Rehabilitation" legt die Dokumentation, überarbeitet und ergänzt durch Längsschnittbetrachtungen, ausführlich vor (*Rochel* 1999).

Motivation

Der Begriff *Motivation* ist in seiner Verwendung weitgehend von der Lern- und Verhaltenspsychologie bestimmt. Um nämlich überhaupt lernen zu können, muss der Mensch bereit sein, sich mit einem Lerngegenstand auseinanderzusetzen (Lernbereitschaft). Der Zustand des Motiviertseins erfordert physische, psychische und geistige Aktivität, die i. d. R. dadurch entsteht, dass auf einen Lernwiderstand gestoßen wird, den es zu überwinden gilt. Den Widerstand erlebt der Lernende nur, wenn bei ihm (durch Verstärkung, z. B. Lob, Erfolgserlebnis) eine Erwartung aufgebaut worden ist, durch deren Blockierung die *Motivation* als Bedürfnisspannung, in der das Motiv zu ihrer Beseitigung wirksam wird, entsteht.

Die Einsicht in die Bedeutung der *Motivation*sbildung für die Persönlichkeitsentwicklung gerade der Klient-inn-en mit zerebralen Schädigungen und die Fähigkeit des Motivierens selbst müssen erkannt und eingesetzt werden. Bei Klient-inn-en mit zerebralen Bewegungsstörungen muss davon ausgegangen werden, dass durch zahlreiche Misserfolgserlebnisse die *Motivation*sbildung gestört oder behindert sein kann.

Motorik

Unter dem Begriff *Motorik* wird das gesamte Bewegungsverhalten des Menschen verstanden. Im Falle der *KFR* wird mit ganzheitlichen Mitteln versucht u. a. und schwerpunktmäßig motorische Funktionen (wieder)-herzustellen, zu verbessern oder zu vervollkommnen.

Psychomotorik deutet auf den engen Zusammenhang zwischen menschlicher Bewegung, Gedankenvorgängen, Sprache und Willen hin.

Sensomotorik (auch Sensumotorik) ist die koordinierte Leistung von Wahrnehmungs- und Bewegungsprozessen.

Multiple Sklerose (MS)

Multiple Sklerose (MS) gilt als eine der häufigsten Nervenerkrankungen. Die Ursache ist noch unbekannt. Auslöser für die Symptome sind Krankheitsherde unterschiedlicher Größe im zentralen Nervensystem, die gekennzeichnet sind durch Markscheidenzerfall, Gliawucherung, Infiltration und Verdickung der Gefäße.

Das klassische Krankheitsbild zeigt die sogenannte Charcot-Trias: Nystagmos (Augenzittern), skandierende Sprache (langsam und schleppend) und Intentionstremor (zittern bei Zielbewegungen). Als weitere wichtige Symptome gelten fehlende Bauchdeckenreflexe, spastische Lähmungen, Blasen- und Potenzstörungen, Parästhesien (anormale Körperempfindungen, z.b. Kribbeln, Einschlafen der Glieder), sowie Sehstörungen (z.b. doppelt sehen). Es gibt aber auch symptomarme Formen, vor allem im Anfangsstadium der Erkrankung. Der Krankheitsbeginn liegt im allgemeinem zwischen dem 20. und 40. Lebensjahr und verläuft meist schleichend; bevorzugt werden Frauen befallen. Der Krankheitsverlauf erfolgt in Schüben und liegt in der mittleren Verlaufsdauer bei ca. 25 Jahren. Die Hälfte der Erkrankten bleibt ungefähr 8 bis 15 Jahre gehfähig. Die Krankheit gilt noch immer als unheilbar. Erfolgreiche Behandlungen durch **konduktive Förderung und Rehabilitation** sind aus Ungarn, England und Japan bekannt; sie können die Symptome jedoch nur mildern und helfen, die Bewegungsfähigkeit der Klienten so lange wie möglich aufrecht zu erhalten.

Orthofunktion

Unter *Orthofunktion* wird die Fähigkeit verstanden, sich in der jeweils altersadäquaten Umgebung (Kindergarten, Schule, Arbeit) zurechtzufinden, ohne besondere Unterstützung zu benötigen. Der Begriff *Orthofunktion* wurde von *Petö* als Pendant zum Begriff der Dysfunktion geprägt und ist immer auf die individuelle *Persönlichkeit* bezogen.

Parkinson Syndrom

Als häufigste neurologische Erkrankung des fortgeschrittenen Lebensalters gilt das *Parkinson-Syndrom* (Schüttellähmung), bei dem es meist zwischen dem 50. und 60. Lebensjahr, gelegentlich auch noch später, im Mittelhirn zu einer Altersdegeneration kommt. Weitere Bezeichnungen für das Parkinson-Syndrom: Parkinsonismus, Paralysis agitans, akinetisch-rigides Syndrom, akinetisch-hypertonisches Syndrom und extrapyramidales Syndrom. Bei den Ursachen für die Erkrankung werden zwei Hauptgruppen unterschieden:

1. primärer (oder ideopathischer) Parkinsonismus, bei dem die Ursache ungeklärt ist, jedoch ein komplexes Geschehen von endogenen und exogenen Faktoren vermutet wird;
2. sekundärer (oder symptomatischer) Parkinsonismus, bei dem es Syndromfolge einer anderen Erkrankung ist, z.B.: Folgeerscheinung nach durchgemachter Hirnhautentzündung, Vergiftung mit Mangan oder Kohlenmonoxid, Folgeerscheinung nach *Parkinson Syndrom* handelt es sich um eine Trias (Kombination von 3 Symptomen): Hypokinese oder Akinese, Rigor und Tremor.

Bei Hypokinese oder Akinese (Bewegungsarmut oder Bewegungslosigkeit) kommt es zur verminderten Bewegungsfähigkeit, wodurch der Eindruck entsteht, der Kranke bewege sich so wenig wie möglich, bzw. könne oder wolle sich nicht entspannen. Durch mangelhafte oder fehlende Mimik kommt es zum Maskengesicht. Die Sprache wird leise und monoton. Es kommt zu einer gebückten Haltung, zu einem kleinschrittigen, schlurfenden Gang und zum Fehlen physiologischer Mitbewegungen. Möglicherweise können Erkrankte ihren Bewegungsfluss nicht mehr abbremsen und laufen weiter, bis sie von etwas aufgehalten werden. Dadurch besteht erhöhte Unfallgefahr.

Aufgrund einer Muskelhypertonie kommt es zum Rigor (Muskelsteifheit). Ein typisches Kennzeichen dafür ist beispielsweise das „Zahnradphänomen"; bewegt man ein Glied der Erkrankten, so schießen immer wieder flüchtige Impulse ein, die den Ablauf der passiven Bewegung ruckartig bremsen.

Beim Tremor (Gliederzittern) kommt es zu einem grobschlägigen Ruhetremor von 4 bis 6 Schlägen pro Sekunde. Bei Bewegung vermindert sich dieses Zittern oder verschwindet ganz, so dass z.b. die Schrift eines Erkrankten nicht zittrig ist. Das Zittern verschwindet im Schlaf und verstärkt sich bei Erregung.

Weitere häufige Symptome sind Stimmungslabilität, d.h., dass es zu langanhaltenden ausgeprägten emotionalen Reaktionen kommen kann, bei denen es den Betroffenen nicht gelingt, Affekte zurückzuhalten. Oft wirken die Betroffenen auf ihre Umwelt egozentrisch und introvertiert. Das sogenannte Salbengesicht ist eine häufige Erscheinung, dass sich in einem glänzenden Aussehen der Gesichtshaut äußert, die durch dauernde Vermehrung der Talgabsonderung gebildet wird.

Über Konduktive Förder- und Rehabilitationsmaßnahmen für Parkinson-Kranke im Petö-Institut in Budapest berichten z.b. *Nanton und Sutton*: Gruppenbehandlungen mit typischerweise 15 Teilnehmerinnen fanden zwei- oder dreimal in der Woche, jeweils 2 1/2-stündig statt. In Großbritannien hat man sich schon Mitte der 80er Jahre gezielt um eine Übertragung der Konduktiven Förderung und Rehabilitation für Parkinson-Kranke bemüht.

In der Bundesrepublik Deutschland gibt es bislang noch keine nennenswerten Erfahrungen mit konduktiver Förderung und Rehabilitation bei Parkinson-Kranken. Entsprechende Projekte sind jedoch in der Planung.

Pathologische Muster

Krankhafte Veränderung in Bewegungsabläufen, die i. d. R. durch Nicht- und/oder Überbeanspruchung von Muskeln, Sehnen und Bändern im Organismus verursacht werden.

Mit Hilfe von **KFR** wird versucht, **pathologische Muster** zu vermeiden, geringer zu machen oder auszugleichen.

Persönlichkeit

Mit **Persönlichkeit** sind Einmaligkeit, Wesen und Eigenart einer Person gemeint. Sie entsteht aus biophysischen Grundlagen (Anlagen), durch Reifung, Entwicklung und Erfahrung (Umwelt) und wird maßgeblich durch Erziehung und Bildung beeinflusst.

Merkmale einer **Persönlichkeit** sind Fähigkeiten, Fertigkeiten, Kognition, Einstellung, Motivation, Gefühl, Triebdynamik, Senso- und Psychomotorik, Sprache, Sozialverhalten usw.

Konduktive Förderung und Rehabilitation ist zielorientiert. Alle Ebenen der Persönlichkeitsentwicklung werden berücksichtigt und angesprochen:

1. perzeptive (wahrnehmungsverarbeitende) Möglichkeiten, motorische Grundfähigkeiten und koordinative Eigenschaften (Wahrnehmung und Perzeption, Sitzen, Stehen, Gehen, Laufen, Feinmotorik),

2. intellektuelle und sozial-emotionale Fähigkeiten (Sprache, Kulturtechniken, psycho-soziales Handeln) sowie

3. lebenspraktisches Handeln (Essen, Kleiden, Hygiene).

Perzeption

Aufnahme, Verarbeitungsprozess und Ergebnis von Sinneseindrücken durch die Aktivität des Zentralnervensystems. Dieser Prozess vollzieht sich durch Interpretation, Selektion und Organisation der gebotenen Reize.

PETÖ, Prof. Dr. med. *András*

Das konduktive System wurde nach dem 2. Weltkrieg in Budapest durch die Initiative des ungarischen Arztes András *Petö* entwickelt. Prof. Dr. med. András *Petö* (1893-1967), war ab 1945 für das Lehrgebiet Körperbehindertenpädagogik an der Hochschule für Heilpädagogik zuständig, gründete 1948 das Institut für Bewegungstherapie und 1960 das Staatliche Bewegungstherapeutische Institut. Hier erprobte er die „konduktive Erziehung". 1963 verließ *Petö* die Hochschule, um sich ganz der praktischen Tätigkeit der „konduktiven Erziehung" zu widmen.

Das heutige Staatliche Petö – Institut gewährleistet eine umfassende fachärztliche, diagnostische und therapeutische Behandlung sowie eine psychagogische, heil- und sozialpädagogische Betreuung und Förderung. Es besteht für ungarische Staatsbürger aus ambulantem Frühförderzentrum mit Mutter-Kind-Gruppen für 0-4-jährige, Elternschule, stationärem Förderzentrum bzw. Internat mit unterschiedlichsten Gruppen für 4-14-jährige Kinder, Ambulanz für Erwachsene (Hemiplegien, Parkinson und MS) sowie dem Konduktor-inn-en Ausbildungszentrum. In Budapest gibt es Dependancen und über das gesamte Land verteilt ein Netzwerk kleinerer Zentren.

Seit Ende des 80-er Jahre gibt es außerdem ein Internationales Petö Institut, in dem ausschließlich ausländische Kinder und Jugendliche, i. d. R. nur wochenweise, in deutsch-, oder englischsprachigen Gruppen zusammengefasst werden.

Pflege

Pflege ist im System Konduktiver Förderung und Rehabilitation neben Therapie bzw. Entwicklung und Sozialisation einer der drei großen Förderbereiche. Dabei geht es um das selbständige Handeln beim Essen, beim Kleiden und bei hygienischen Verrichtungen. Passives gepflegt werden, wird dabei möglichst vermieden.

Praxiserfahrung

Es ist Aufgabe der **Konduktor-inn-en** und charakterisiert ihre Arbeit mit den Klient-inn-en, einfühlsam **Motivation** zur Eigen**aktivität** für ein erreichbares **Ziel** zu geben. Dadurch bleiben Klient-inn-en Subjekt ihrer eigenen Entwicklung und Akteure im Zusammenhang mit ihrem Förderprogramm. Auf dieser Grundlage, verbunden mit vielschichtiger **Praxiserfahrung** über besondere **Entwicklung**sstrukturen hirnorganisch geschädigter Klient-inn-en, ist eine konduktive und komplexe Persönlichkeitsförderung möglich.

Prinzipien

Umgebung, Tagesordnung, **Atmosphäre** und Gruppenarbeit sind äußere **Prinzipien,**

- **Gruppenprogramm** hat Vorrang vor individuellem Programm,
- Lernbereitschaft, **Motivation, Aufmerksamkeit**, Konzentrationshilfen, **Improvisation, Verstärkung** und Stärkung der **Persönlichkeit** müssen im Förderprozess ständig herbeigeführt werden,
- **Rhythmisches Intendieren** muss bei allen Aufgabenstellungen eingeschlossen sein,
- Konduktive **Fazilitation** unterstützt den gesamten Förderprozess,

- teilnehmende **Beobachtung** wird dauernd durchgeführt, um flexibel auf Veränderungen jeder Art zu reagieren.
- Das Arbeitsprinzip zeichnet sich durch eine durchgehend horizontale Arbeitsweise im Rahmen von Tätigkeitsserien aus.

Programme

Neben der Festlegung der vielfältigen **Ziele** ist die Planung von **Programmen** durch die Konduktor-inn-en über bestimmte Zeiträume wichtig: Sie reichen von groben Halbjahresübersichten über Monats- und Wochenprogramme bis hin zu Tagessequenzen.

In den **Programmen** werden die Akzente auf grob- und feinmotorische sowie sprachliche und sachkundliche, lebenspraktische und soziale Bereiche hin thematisch akzentuiert. Es gibt eine Fülle spezifischer Aufgabenzusammenhänge wie z.b. Körperentwicklung, Körperkoordination, Körperbegriff, Körperschema. Auge-Hand- und Auge-Fuß-Koordination, Feinmotorik und Manipulation, Sachkunde und Lebenspraxis. Alle Programminhalte bilden die Grundlage für die Zusammenstellung von Wochenplänen und Tagessequenzen. Hierbei handelt es sich auf keinen Fall um eine Aneinanderreihung vorhandener **Programm**teile, vielmehr sehen die Konduktor-inn-en ihre didaktische und methodische Aufgabe darin, **Ziele, Inhalte** und **Methoden** der Gruppen- und Individualprogramme an den Fähigkeiten und Bedürfnissen der **Gruppe** bzw. der einzelnen Gruppenmitglieder zu orientieren.

Die konduktiven „Pritschen"programme – **Aufgaben** zu Lage- und Stellungswechsel in liegender Position sowie in sitzender Position mit Sprecherziehung, Geh- und Laufaufgaben sind zentrale Aufgaben **Konduktiver Förderung und Rehabilitation**; sie werden immer für eine bestimmte **Gruppe** oder für ein bestimmtes Kind konzipiert. Sie werden auch ständig variiert, weiterentwickelt, geändert oder ausgeweitet – je nach Situation der **Gruppe** bzw. des Einzelkindes. Aus diesen Gründen ist es weder ratsam noch hilfreich, solche **Programme** weiterzureichen, um sie anderenorts in Anwendung zu bringen. Ganz im Gegenteil: Das Budapester Petö-Institut verfügt in seinem Archiv über Tausende solcher **Programme**; konsequent wurde es bisher jedoch immer vermieden, die Programme zu publizieren, um nicht den geringsten Eindruck zu erwecken, dass derartige **Programme** auf jede **Gruppe** bzw. Einzelperson übertragbar seien. Dem stimmen wir voll und ganz zu. **Programme** und Tätigkeitsserien können und sollen <u>nicht</u> standardisiert werden! Jede Person, die verantwortungsbewusst Konduktive Förderung und Rehabilitation betreibt, kennt die spezifische Anwendbarkeit konduktiver **Gruppen-** und Individual**programme**.

Die **Inhalte** der **Programme** werden in Themen und/oder Projekte eingebettet und als Tätigkeitsserien aufbereitet. Die **leitenden Konduktor-inn-en** planen sorgfältig, wägen alle relevanten Aspekte ab und stellen alle Anforderungen systematisch aufeinander ein.

Programme erfüllen grob gegliedert folgende Funktionen; sie sind:

- **Gruppen-** und Individual**programme** (Kommunikation, Persönlichkeit)
- Pritschen**programme** (Lage-, Sitzpositionen),
- Lauf**programme**. (Stehen-, Gehen, Laufen)
- Wahrnehmungs**programme** (Sensomotorik, Feinmotorik, Perzeption)
- Sprach- und Sachkunde**programme**, (Sprache und Denken)
- Lebenspraxis**programme** (Essen, Kleiden, Hygiene)

und werden stets inhaltlich miteinander vernetzt, bzw. mit ihren jeweiligen Inhalten zu Aufgaben- und Tätigkeitsserien verbunden.

Qualifikation

Für die Arbeit im Team ist die breitgefächerte **Qualifikation** der Dipl.-Konduktor-inn-en (med.-therapeutisch, päd.-psycholgisch, pflegerisch) Voraussetzung für eine erfolgreiche Arbeit.

Die **Qualifikationen**, mit denen **Konduktor-inn-en** ausgestattet sein müssen, lassen viele berufliche Teilinhalte zu einem einzigen Beruf verschmelzen. Hierbei geht es nicht um ein Nebeneinanderexistieren unterschiedlicher Aufgaben einzelner Berufe, sondern die Vielfalt findet sich in einem integrierten Programmangebot für **Gruppe** und Einzelnen wieder.

Raum

In der Struktur des Konduktiven Systems sind **Raum, Mobiliar, Zeit** und Tagesablauf (tägliche Routine) tragende (äußere) Elemente, die dazu beitragen, Tag, Woche, Monat und Jahr zu strukturieren, Orientierung zu erleichtern, Gedächtnis, Lernen, Lebenspraxis und Sozialisationsprozess zu unterstützen

Kontinuität in **Zeit** und **Raum** ist notwendig, um dem Klient-inn-en mit zerebraler Bewegungsstörung eine feste Struktur und Orientierung zu geben, in der er lernen kann, Selbstvertrauen und Sicherheit zu entwickeln, um überhaupt aktiv zu werden. Neben der **Atmosphäre** spielt dabei die unmittelbare Umgebung eine sehr große Rolle. Die Umgebung ist reizarm und schlicht gehalten, um die Kinder nicht abzulenken. Die Aufteilung in zwei **Räume** wird als Strukturierung für unterschiedliche Programmaktivitäten genutzt: Ein **Raum** in dem vor allem die großen Pritschen untergebracht sind (für das Liegeprogramm) und ein zweiter **Raum** für das Sitz- und Kindergartenprogramm. Zwischen diesen **Räumen** findet das Laufprogramm statt.

Rehabilitation

Zwecks *Rehabilitation* der Bewegungsbehinderten befassten sich in Ungarn zu Petös Lebzeiten, den verschiedenen Problemen entsprechend, speziell ausgebildete Fachleute, Therapeuten, Physiotherapeuten, Heilpädagogen und Logopäden mit der Verbesserung der Bewegung, Förderung der Lernfähigkeit, bzw. den Sprach- und Wahrnehmungsproblemen der Bewegungsbehinderten. Zur angemessenen Behandlung ihrer Problematik wurden die Patienten individuell beschäftigt. Das Hauptziel der Beschäftigung war das Erlernen bzw. die Verbesserung der Funktionen durch Übung. Das Erlernen der *Wahrnehmungs-, Kommunikations-* und kognitiven Funktionen wurde durch die derzeitige wissenschaftliche Auffassung vom Erlernen der Bewegungsfunktionen getrennt. Nur wenige akzeptierten damals den Grundgedanken, das Grundprinzip der *konduktiven Förderung* nach *Petö*, wonach das primäre Ziel nicht die rein biologische Verbesserung der Bewegung oder Funktion, sondern die Förderung und Unterstützung der ganzen *Persönlichkeit* und der Selbstverwirklichung ist. Nach der damaligen, traditionellen Auffassung wurden die durch irreversible Verletzungen des Nervensystems entstandenen Behinderungen für unvergänglich gehalten.

Es ist also mehr als fünfzig Jahre her, dass die *konduktive Förderung* einen neuen Weg in der *Rehabilitation* der wegen Verletzung des zentralen Nervensystems bewegungsversehrten Kinder und Erwachsenen eröffnete.

Nach der Auffassung von *Petö* ist es die Disharmonie der verschiedenen Funktionen, die verletzte oder mangelnde Gesamtfunktion des Nervensystems, die für die Bewegungsbehinderung verantwortlich ist. Es ist der Grundgedanke der *konduktiven Förderung*, dass das Nervensystem trotz der Schädigungen unausgenutzte Kapazitäten, Möglichkeiten zu neuen Verbindungen hat, die durch entsprechende Lenkung des Lern- bzw. Lehrprozesses mobilisierbar sind.

Um koordinierte Funktionen und harmonisches Funktionieren des Nervensystems zu erreichen, stehen bei der **konduktiven Förderung Persönlichkeit, Erziehung** und **Lernen** im Mittelpunkt. In diesem Prozess wird die Persönlichkeitsförderung der Bewegungsversehrten durch die Realisierung von inhaltlich harmonisierten, strukturierten, nach den gleichen methodischen Grundsätzen aufgebauten Förderprogrammen durchgeführt. Das ist aber nur durch eine integrierte, komplexe Förderung möglich, die die kognitiven, affektiven und kommunikativen Aspekte weitgehend berücksichtigt. In einer derartigen Förderung spielt die Tätigkeit eine wichtige Rolle; die Tätigkeit kann aber weder vom menschlichen Interesse noch von den Erfordernissen und Rückmeldungen der soziokulturellen Umgebung getrennt werden.

Die einzelnen Phasen des Förderprozesses trennen sich nicht voneinander, sie realisieren sich komplex, ablaufsmäßig, in Wechselwirkung miteinander, durch ihre Zusammenhänge. Die Erwartung ist unbegründet, dass eine Person mit Schädigung des zentralen Nervensystems, deren Hauptproblem die mangelnde oder fehlerhafte Koordinierung ihrer Hirnfunktionen ist, die verschiedensten, voneinander isoliert geübten Funktionen selbst zusammenordnet, bzw. ohne Umgang mit der Problematik zu einer komplexen, integrierten Funktion fähig wird.

Die *Konduktive Förderung und Rehabilitation (KFR)* ist also keine Mischung von nach- oder nebeneinander geordneten Therapien und Unterricht oder Heilgymnastik und Lehren, sondern eine systematisch und auch aus didaktischer Hinsicht sorgfältig aufgebaute Förderung. Sie führt die Betroffenen durch entsprechende Zielsetzungen, in einem System von komplexen Tätigkeiten zur **Synthese** innerer Funktionsorganisierung, zur Koordination des Nervensystems.

Das konduktive Förderprogramm sichert die altersgemäß typischen körperlich-motorischen, geistigen-kognitiven, emo-

tionalen, moralischen, psychischen und sozialen Bedürfnisse, d. h. jede Bedingung der Entwicklung zur vollständigen,
gesunden **Persönlichkeit** und alles, was zur späteren, selbständigen Lebensweise notwendig ist.

rhythmisches Intendieren (vgl. Intendierung)

Siegener complexe Rehabilitation (ScoRe)

ScoRe (Siegener complexe Rehabilitation) ist ein an-
spruchsvolles, klar strukturiertes, mehrdimensional ange-
legtes und zusammenführendes System, das gezielt physische, psychische, kognitive, lebenspraktische und soziale
Prozesse in der Persönlichkeitsentwicklung anbahnt und
anregt. Der Aufbau der Persönlichkeit wird dabei als Lernprozess für Menschen mit zerebralen Bewegungsstörungen durch Schädigungen des Zentralnervensystems verstanden. Hierbei werden alle Arten und Grade, insb. mittel-
schwere bis schwere Ausprägungen in Gruppen ganzheitlich gefördert . In den komplexen Programmen werden Kommunikation, Lage-, Sitzpositionen, Stehen, Gehen, Laufen,
Sensomotorik, Feinmotorik, Perzeption, Sprache und Denken sowie Lebenspraxis (Essen, Kleiden, Hygiene) zusam-
menführend gefördert.

ScoRe ist eine Weiterentwicklung der traditionellen **KFR**
und wird ab dem Jahr 2001 in Siegen als qualifizierende
Weiterbildung in Zusammenarbeit mit Kinder- und Rehabili-
tationskliniken angeboten. Die qualifizierende Weiterbildung
ist ein Vollzeitangebot, vor allem für Absolvent-inn-en von
Fachhochschulen bzw. Fachschulen plus Zusatzqualifika-
tionen helfender Berufe, die einschlägige Berufserfahrung
im Bereich der Behindertenhilfe nachweisen können.

Spiel

Für die grundsätzliche Verbindung von Sprache / Rhythmus und Bewegung werden, besonders bei (Klein-)Kindern und Jugendlichen, Elemente des Spiels verwendet. Damit soll der Grad an **Motivation** und **Aufmerksamkeit** bei der Erledigung gestellter **Aufgaben** gesteigert und erhalten werden. Verwendet werden viele Arten und Elemente von **Spielen**. Einen besonderen Stellenwert nimmt das Rollenspiel ein. Diese intentionalen (absichtlich herbeigeführten) **Spiel**situationen dienen vor allem der Symbolfunktion durch Nachahmung bestimmter Tätigkeiten und Zusammenhänge, **Motorik** und Feinmotorik, Phantasie und **Spiel**fähigkeit, Wahrnehmung (Auffassungsfähigkeit), Gedächtnisleistung und Denken, bzw. dem Sozialverhalten.

Sprache

Alle menschliche Tätigkeit ist eingebunden in psychische und soziale Bedingungen, die durch **Sprache** vermittelt werden. Zugleich werden mit dem Verstehen der Wortbedeutungen die geistigen bzw. kognitiven Aktivitäten des Kindes beeinflusst.

Die Sprachentwicklung verläuft (nach *Wygotski)* von der sozialen **Sprache** über die egozentrische **Sprache** zur inneren, also internalisierten Sprache. Mit der Entstehung der inneren **Sprache** ist die Stufe der Verhaltenssteuerung erreicht. Die ersten Beziehungserfahrungen als auch der Beginn der Entdeckung der gegenständlichen Wirklichkeit bilden die Grundlage zur Aneignung von **Sprache**. Es vollzieht sich die Trennung in eine „egozentrische" und eine „kommunikative" **Sprache**. Die egozentrische löst sich von der sozialen und wird zur „inneren" **Sprache**. Diese ist Grundlage des logischen Denkens, der Verhaltenssteuerung und des Bewegungshandelns.

Struktur

Konduktive Förderung und Rehabilitation (KFR) ist zielorientiert. Alle Ebenen der Persönlichkeitsentwicklung werden berücksichtigt und angesprochen. Der Therapieprozess ist animierend und aktivierend angelegt sowie auf Selbständigkeit der Patienten ausgerichtet. Unterstützung wird, wo nötig gewährt, Versorgung wird vermieden. Es handelt sich grundsätzlich um Gruppen- oder Teilgruppenarbeit, fast nie um Einzeltherapie. Perzeptive und kommunikative Aspekte werden in die entwicklungsadäquaten Aufgabenserien prinzipiell einbezogen (Musik, Gestalten, Spiel, Tanz, Sprache, Literatur, Theater, technische Medien). Kontinuierliche Beratung der Mütter/Patienten sowie Kommunikationsmöglichkeiten der Mütter/Patienten untereinander sind gegeben.

Studium

Die Qualifikationen, mit denen *Konduktor-inn-en* ausgestattet sein müssen, lassen viele berufliche Teilinhalte zu einem einzigen Beruf verschmelzen. Hierbei geht es nicht um ein Nebeneinanderexistieren unterschiedlicher *Aufgaben* einzelner Berufe, sondern die Vielfalt findet sich in einem integrierten Programmangebot für *Gruppe* und einzelnes Kind wieder.

Die *Qualifikationen* erfordern umfassende *Lern*prozesse, auch in der eigenen Persönlichkeitsbildung. In Ungarn handelt es sich seit 1987 um eine 8-semestrige Fachhochschul-Ausbildung nach dem Abitur, in der die Anteile von Theorie und Praxis eng verknüpft werden.

Jeweils ein-e verantwortlich leitende-r *Dipl.-Konduktor-in* fördert die *Gruppe*, nach Art und Grad der Behinderungen und der Gruppenstärke unterstützen sie zwischen 2 bis 4 Studentinnen aus dem 1. bzw. 2. Studienabschnitt (*Konduktoren*kandidat-inn-en bzw. -assistent-inn-en). Dieses

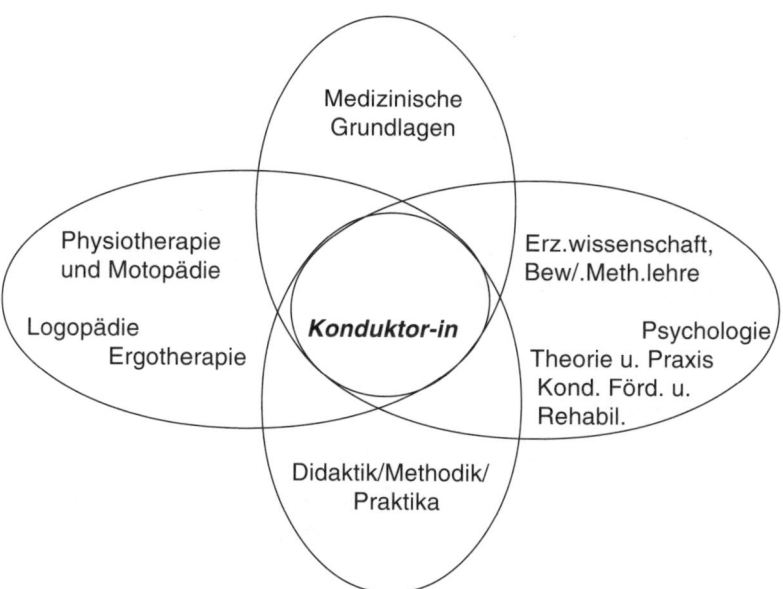

Abb. 2: Studieninhalte (vgl. *Weber, K. S., 1998, S. 60*)

wichtige Grundprinzip einer Bezugsperson, wird bei Versuchen der Übertragung des ungarischen Vorbildes ins Ausland häufig zugunsten eines *„Konduktor-inn-en*-Teams" ignoriert.

Studienabschluss (Diplom) und Beruf sind bisher in Deutschland nicht anerkannt. *Dipl.-Konduktor-inn-en* dürfen nur unter Leitung eines Facharztes bzw. mit wissenschaftlicher Begleitung in Deutschland praktizieren. Weder in Ungarn, noch in Deutschland können sich *Konduktor-inn-en* selbständig in Praxen „niederlassen".

Bereits anlässlich eines Treffens der *Europäischen Arbeitsgemeinschaft für Konduktive Förderung (E.A.C.E)* in Wien, im März 1993 wurde die Konzeptskizze für eine Weiterbildungsmaßnahme mit europäischer Ausrichtung vorgelegt, die vor allem mit dem österreichischen Konzept kompatibel ist. Ein grundständiges *Studium* hat keine Chan-

ce, weil der Markt an qualifiziertem Personal in den Bereichen Medizin, Pädagogik und Therapie auf dem Feld der
Rehabilitation gesättigt ist (vgl. *Bourmer, in Weber*, 1998).
Einzige Chance, eine Ausbildung auf den Weg zu bringen,
ist eine Weiterbildungsmaßnahme auf hohem Niveau, das
mindestens dem ungarischen *Studium* entspricht. Ausführlich wird der Stand in Ungarn, Österreich, dem Vereinigten
Königreich GB und Deutschland dargelegt im Band 4 dieser Buchreihe (*Keil, Kozma, Sutton, Weber, 1998*).

Supervision

Der Ausbildungsprozess und der Erwerb dieser facettenreichen Kompetenzen der Profession der Konduktor-inn-en
bedürfen eines Lehr- und Lernangebotes, das im Blick auf
den Erwerb der praktischen Kompetenzen an die ersten
Anfänge von *Supervision* in den USA, bzw. in Deutschland nach dem 2. Weltkrieg erinnert (vgl. Belardi, 1992).
Die ersten Entwicklungsschritte gab es in dem Berufsfeld
der Psychoanalyse wie auch in dem Berufsfeld der Sozialarbeit. In beiden Bereichen ging es zunächst um die Anleitung einzelfallbezogener Reflexion, also kasuistischer Arbeit. Interessant ist bei diesem Verfahren, und da zeigt sich
die Parallele zur Konduktorenausbildung, die Anleitung der
„Novizen" durch berufserfahrene, kompetente Kolleg-inn-
en. Im Blick auf das Lehrangebot zum Beruf der Konduktor-
inn-en, auch bei der inzwischen in Wien etablierten Ausbildung (vgl. Band 4 dieser Buchreihe: Keil u.a. 1998), findet
sich diese bewährte Praxis wieder und wird dort auch unter
dem Begriff *Supervision* geführt. (Dies geschieht allerdings
ungeachtet der inzwischen stattgefundenen Entwicklung der
Supervision zu einer eigenständigen Profession. Wie in
den Arbeitsfeldern der Sozialarbeit und Sozialpädagogik in
Deutschland die Begleitung der beruflichen Einsozialisie-
rung Praxisanleitung genannt wird, wäre der Begriff auch
dieser Ausbildungssituation angemessen). Es geht bei der
Ausbildungs*supervision* auch vorrangig um das Lernen an

Vorbildern, um das Lernen an Modellen berufserfahrener Konduktor-inn-en. Implizit findet hierbei auch die Vermittlung personaler und sozialer Kompetenz all der Inhalte statt, die im vorangehenden Kapitel als zur Profession gehörig beschrieben sind. Darüberhinaus erscheint eine methodisch reflektierte Gestaltung der eigenen Berufsrolle, wie auch des pädagogisch-therapeutischen Angebots an das einzelne Kind wie die *Gruppe* der Kinder eine wünschenswerte Unterstützung.

Synthese

Zusammenstellung bzw. Vereinigung einer Vielheit zu einer Einheit wird als *Synthese* bezeichnet.

Im System *Konduktiver Förderung und Rehabilitation (KFR)* werden alle wichtigen Einzelaspekte, die in den Bereichen Therapie, Sozialisation und Pflege im Rahmen einer Förder- bzw. Rehabilitationsmaßnahme wichtig sind, miteinander verzahnt und integriert. Die *Synthese* kommt vor allem in den *Aufgaben(serien)* deutlich zum Ausdruck.

Tagesablauf / Tagesordnung

Der *Tagesablauf*, die sog. tägliche Routine, ist in einen festen Stundenplan eingeteilt, und wird täglich in gleichen Zeiteinheiten durchgeführt (vgl. *Weber/Rochel, 1992, S. 34*). Im Institut in Budapest ist er für den ganzen Tag festgelegt, vom Aufwachen bis zum Schlafengehen. Die Gleichmäßigkeit der Zeiteinteilung gibt dem Kind die Orientierung, Zeitphasen zu verinnerlichen.

„Die Konsequenz, mit der die Systematik in der konduktiven *Tagesordnung* umgesetzt wird, unterstützt ebenfalls das Aneignungs*ziel*. Damit soll gesichert werden, dass für das Kind die Lerngelegenheiten und die Zeit gesichert werden, damit es sich mit den alterstypischen und bedeutsamen Lebenssituationen auseinander setzen kann." (*Kozma*

1997, 16). Und *Hári* stellt dazu fest: „Die *Tagesordnung* ist einerseits ein Erziehungsmittel (komplexes Mittel des Übens), andererseits ein Erziehungsergebnis, eine Organisation der gewohnten Lebensweise. Sie gestaltet den Kindern gegenüber die Grundregeln des Verhaltens, der Handlung als natürlich, selbstverständlich. Sie reguliert den Rhythmus des Lebens des Kindes, spart damit viel Energie, schützt das Kind vor Zersplitterung seiner Kräfte. Die *Tagesordnung* legt den Zeitpunkt des Beginns der unterschiedlichen *Tätigkeiten* und *Programme* fest. Dazu gehört ebenso die Festlegung der Zeit vom aufstehen, waschen, baden, speisen, lernen, arbeiten, fernsehen, zu Bett gehen, Spiel und Erholung." (*Hári u. a.* 1992, 161 f).

taktil

Der Tastsinn ist einer der grundlegendsten Sinne im Zentralnervensystem des Menschen. *Jean Ayres* stellt dazu fest, „Berührung ist einer der Sinne, der speziell den anhaltenden Prozess erfordert, der zur Wahrnehmung anderer Arten und Wahrnehmungsempfindungen beiträgt. Berührung war einer der vorherrschenden Sinne durch die Evolution hindurch, ist bei der Geburt ein vorherrschender Sinn und scheint weiterhin wichtiger für menschliche Funktionen im Leben zu sein als man allgemein erkannte." (*Ayres, 1979*)

Vor allem bei der Entwicklung fein- und sensomotorischer Lern- und Funktionsfähigkeit wird auch im Rahmen *Konduktiver Förderung und Rehabilitation (KFR)* der *taktile* Sinn gefördert und verstärkt.

Tätigkeit

Oberster methodischer Grundsatz *Konduktiver Förderung und Rehabilitation (KFR)* ist die Verwirklichung aktiven Tätigseins und Handelns der Klient-inn-en im Sinne von learning by doing. Dieses methodische Prinzip unterscheidet **Konduktive Förderung und Rehabilitation (KFR)** von einem großen Teil klassischer Behandlungsstrategien für Klient-inn-en mit zerebralen Schädigungen. Mit Hilfe lernpsychologischer Prinzipien, Ermutigung, Lob, Löschung, werden die Klient-inn-en angeregt, angestoßen, motiviert, ermuntert, für intendierte Aufgabenstellungen durch handelndes **Tätigsein** adäquate Problemlösungen zu finden. Dieses (selbständige) Handeln ist der Schlüssel, Selbstvertrauen zu gewinnen und Selbstbewusstsein zu erreichen. Diese wiederum sind wesentliche Bausteine für die weitere Motivation und kontinuierlichen Lerneifer.

Taunusklinik Falkenstein

Die **Taunusklinik Falkenstein** in Königstein/Taunus war in den Jahren 1990-1992 Stätte des Klinischen Modellversuches (Ltd. Arzt: Dr. *M. Rochel*) im Rahmen des ersten deutschen Pilot-Projektes (Gesamtleitung: Prof. Dr. *K. S. Weber*) zur **Konduktiven Förderung**.

Der klinische Modellversuch in der **Taunusklinik Falkenstein**, in den 12 zerebralgeschädigte, mittelschwer bis schwer behinderte Kinder eingebunden waren (plus 12 Kinder einer Vergleichgruppe traditionell additiv geförderter Kinder), führte anschaulich an die praktische Planung, Arbeitsweise, Durchführung, Dokumentation und den Umgang im Rahmen der **Konduktiven Förderung** durch ungarische **Konduktorinnen** heran.

Die montags bis freitags halbtägig durchgeführte **Grup**penarbeit war für alle Projektkinder erfolgreich und nachweisbar wirkungsvoll: Die im Verlauf des Projektes kontinuierlichen und vor allem die abschließenden medizinischen Untersuchungen und deren Auswertung zeigten, dass bei allen Kindern eine medizinisch nachweisbare dynamische gesamtpersönliche **Entwicklung** stattgefunden hatte (vgl. *Weber/Rochel 1992*).

Tetraspastik

Hier handelt es sich um die Lähmung aller Extremitäten, betroffen ist der gesamte Körper. Als Schwerpunkte *Konduktiver Förderung und Rehabilitation (KFR)* werden genannt:

Wecken der *Aktivität*;

Schaffung des Sicherheitsgefühls;

Spreizen der oberen Extremitäten und der Korrektur der Fußspitzen;

Herausbildung der geraden Körperhaltung;

Einschalten der unteren Extremitäten in eine jede Art der Tätigkeit,

Entwicklung des Greifens, des Stützens;

Präzision und reine Artikulation von *Sprache*.

Theorie

Andras Petö lebte von 1893 bis 1967. *Theorie*bildung sollte immer im zeitlichen Kontext beachtet werden. *Petö* konstruierte das System *Konduktiver Förderung und Rehabilitation* in einer Zeit in der *Pawlows* Reflextheorie und Sherringtons Erkenntnisse über die integrierende Aufgabe des Zentralnervensystems bekannt waren, sich die Psychoanalyse *Freuds* entwickelte, *Buber* „Das dialogische Prinzip, Ich und Du" darlegte, *Makarenkos* Pädagogik der Gruppe, *Morenos* Psychodrama, *Montessoris* (durch Material intendierte) Beschäftigung kreiert waren. Das gilt auch für *Wygotskis (Vygotskijs)* und *Leontjews* Tätigkeitstheorie, bzw. *Wygotskis* Theorie der kindlichen Entwicklung (Pedologie), *Bernsteins* Theorie der Bewegung oder *Lurijas* Arbeiten über die Sprache als zentrales Element zur aktiven Teilnahme am Sozialleben. Sie alle können als grundlegende Erkenntnisse und Fundamente einer *Theorie Konduktiver Förderung und Rehabilitation* dienen.

Therapie

Therapie, pädagogische und pflegerische Förderung bilden bei der *Konduktiven Förderung und Rehabilitation (KFR)* stets eine *Synthese* und nicht voneinander trennbare Einheit. Besonders dadurch unterscheidet sich *KFR* von allen aktuellen Fördermaßnahmen.

Vgl. auch *Pflege*

Traditionen

Im Gesamtkonzept der *KFR* haben Feiertage und Feste ihre Bedeutung und werden in besonderer Weise beachtet, geplant und durchgeführt. Das konduktive Element wird auch dabei beachtet. Z. B. wird in einem Film eine Nikolausfeier gezeigt. Jedes Kind wird aufgerufen, bewegt sich auf die ihm mögliche Weise zum thronenden Nikolaus, erhält ein kleines Geschenk und geht auf seinen Platz zurück. Was so einfach und selbstverständlich erscheint, beinhaltet viele Aspekte der *Wahrnehmung* und Wahrnehmungsverarbeitung, *Motorik* und *Feinmotorik, Sprache, Denken, Lebenspraxis* und *Gruppen*gefühl.

Umgebung vgl. Raum

Untersuchungen

Vor Beginn der *konduktiven Förderung (KFR)* findet eine umfassende, genaue Problemerschließung durch die Erhebung der Vorgeschichte (Anamnese) statt, die durch die notwendigen fachärztlichen und sonstigen Fachgutachten ergänzt wird. In Frage kommen Kinder mit mittelschwerer- oder schwerer infantiler Zerebralparese. Ausgeschlossen werden Kinder mit schweren Stoffwechselerkrankungen, neurodegenerativen und neuromuskulären Erkrankungen sowie Kinder mit frühkindlichem Hirnschaden und gleichzeitig bestehender therapieresistenter Epilepsie. Zur Absicherung der Diagnose werden daher vorhandene Befunde z.T. ergänzt um Elektroencephalographie, evozierte Potentiale, craniale Computer-Tomographie, Magnet-Resonanz-Tomographie, Nervenleitgeschwindigkeit und Elektromyographie.

Bei der Erst*untersuchung* werden alle Aspekte der *Persönlichkeit*sentwicklung (motorisch und feinmotorisch, senso- und psychomotorisch, kognitiv und sprachlich, lebenspraktisch und sozial) beachtet.

Im Laufe der *KFR* wird häufig und gerne auf die Münchner Funktionelle *Entwicklung*sdiagnostik zurückgegriffen.

Eine ausführliche Darstellung ärztlicher Verantwortung im System *konduktiver Förderung und Rehabilitation* bietet *Rochel* (1999) mit Band 2 dieser Buchreihe.

Ursprung

Das System *Konduktiver Förderung* wurde nach dem 2. Weltkrieg in Budapest durch die Initiative des ungarischen Arztes Dr. András *Petö* (1893-1967) entwickelt.

Das heutige Staatliche Petö Institut gewährleistet eine umfassende fachärztliche, diagnostische und therapeutische Behandlung sowie eine psychagogische, heil- und sozialpädagogische Betreuung und Förderung. Es besteht für ungarische Staatsbürger aus ambulantem Frühförderzentrum mit Mutter-Kind-Gruppen für 0-4-jährige, Elternschule, stationärem Förderzentrum bzw. Internat mit unterschiedlichsten Gruppen für 4-14-jährige Kinder, Ambulanz für Erwachsene (*Hemiplegien, Parkinson* und *Multiple Sklerose*) sowie dem *Konduktor-inn-en* Ausbildungszentrum. In Budapest gibt es Dependancen („Zweigstellen") und über das gesamte Land verteilt ein Netzwerk kleinerer Zentren.

Seit Ende der 80-er Jahre gibt es außerdem ein Internationales Petö Institut, in dem ausschließlich ausländische Kinder und Jugendliche, i. d. R. nur wochenweise, in deutsch-, oder englischsprachigen Gruppen zusammengefasst werden.

Verbreitung

Außerhalb Ungarns ist *Konduktive Förderung und Rehabilitation (KFR)* – z. T. nur in Ansätzen – verbreitet in Australien, Belgien, Dänemark, VK Großbritannien, Frankreich, Hongkong, Irland, Israel, Japan, Kanada, Kenia, Malta, Neuseeland, Niederlande, Norwegen, Österreich, Schweden, Spanien, Südamerika und den USA.

In Deutschland gibt es z. Z. über 30 Initiativen, von denen nur die unter medizinischer Leitung stehenden aus professioneller Sicht akzeptabel sind (vgl. *Weber,* 1998, Bd. 1 dieser Buchreihe).

Vereine

1. Verein für konduktive Förderung e. V., Siegen

Mit der Gründung des **Vereins** für Konduktive Förderung e. V. Siegen, wurde bereits im Jahre 1987 eine Grundlage geschaffen folgenden Vereinszweck (§ 2 der Satzung) zu verwirklichen:

• die Erforschung, Entwicklung und Verbreitung eines Konzeptes zur ganzheitlichen (d.h. nicht auf partielle Funktionsbereiche bezogene, sondern auf die Entwicklung der gesamten Persönlichkeit gerichtete) Förderung von Personen mit organisch und/oder psychisch bedingten Funktionsstörungen (wie z. B. Zerebrale Bewegungsstörungen, Spina bifida, Parkinson-Syndrom, Multiple Sklerose u.a.m.).

• Der Satzungszweck wird verwirklicht, insbesondere durch die Durchführung von wissenschaftlichen Veranstaltungen (z. B. Symposien, Tagungen, Seminaren, die zur Verbreitung des Konduktiven Förderkonzeptes im deutschsprachigen Raum beitragen und Fördermöglichkeiten im Bereich der Behindertenhilfe und Rehabilitation durch internationale Erkenntnisse verbessern, sowie die Durchführung von Forschungsvorhaben (z. B. Pilotprojekt zur Erforschung des konduktiven Förderkonzeptes in internationaler Zusammenarbeit mit ausländischen Fachleuten und Wissenschaftlern, oder Folgeprojekten zur Entwicklung einer Weiterbildungsmaßnahme für deutsche Fachleute und Anwendung der konduktiven Förderung in der Bundesrepublik Deutschland).

- Darüber hinaus sollen Mittel für Fördermaßnahmen, die aus anderen Quellen nicht aufgebracht werden können, für Personen im Sinne des § 53 Nr. 1 Abgabenordnung beschafft (z. B. durch Spenden und Wohltätigkeitsveranstaltungen) und unmittelbar verwendet werden. (Verein für konduktive Förderung e. V. Siegen, Satzung vom 17. Dez. 1987, § 2).

Seitdem hat der **Verein** seinen Satzungszweck in vielfältiger Weise verwirklichen können, sowohl was den wissenschaftlichen, als auch den gemeinnützigen und mildtätigen Zweck anbelangt.

Anschrift:

Verein für Konduktive Förderung e.V., Prof. Dr. K. S. Weber, Universität Siegen, Hölderlinstr. 3, 57068 Siegen, Tel.: 0271-740-4387 und 0171-4224651, Fax.: 0271. 7402829, **e-mail: weber@ScoRe.uni-siegen.de**

2. Verein Fortschritt e. V.

Der Verein Fortschritt e.V. hat sich vor allem als Elterninteressenvertretung seit dem Jahr 1994 bundesweit mit einem Netzwerk ausgebreitet, ist dabei zunächst vor allem durch das Angebot von sogen. Sommercamps hervorgetreten.

Regelmäßig erscheint seither ein Faltblatt, in dem neben Aspekten konduktiver Förderung auch andere einschlägige Fördermaßnahmen vorgestellt und diskutiert werden.

Anschriften:

FortSchritt **Aschaffenburg e.V.,**
Behringstr. 15, 63768 Hösbach, Tel.: 06021-57923, Fax: 06021-550312

FortSchritt **Düsseldorf e.V.,**
Jean-Paul-Str. 12, 40470 Düsseldorf, Tel./ Fax: 0211-633983

FortSchritt **Freiburg e.V., Verein zur Verbreitung der Konduktiven Förderung,**
Reinhard-Booz-Str. 3, 79249 Merzhausen/ Freiburg, Tel.: 0761-408520, Fax: 0761-277850

FortSchritt **Gladbeck e.V.,** Verein zur Verbreitung der Konduktiven Förderung, Stallherrmstr. 43, 45988 Gladbeck, Tel.: 02043-63185

FortSchritt **Hannover e.V.,** Verein zur Förderung hirngeschädigter Kinder unter besonderer Berücksichtigung der Konduktiven Förderung,
Tannenbergallee 4, 30163 Hannover, Tel. 0511-639930, Fax: 0511-639933

FortSchritt **Münster / Münsterland,** Verein zur Verbreitung der Konduktiven Förderung e.V.,
Vivaldistr. 1, 48147 Münster, Tel./ Fax -privat-: 0251-234399

FortSchritt **Linker Niederrhein e.V.,** Verein zur Verbreitung der Konduktiven Förderung,
Paul-Therstappen-Str. 11, 41334 Nettetal-Breyell, Tel.: 02153-730563, Fax: 02153-730563

FortSchritt **e.V. Niederbayern/ Oberpfalz,** Verein zur Verbreitung der konduktiven Förderung,
Riedäckerring 13, 94259 Kirchberg, Tel./ Fax: 09927/902132

FortSchritt **Nordhessen e.V.,**
Schönebergerstr. 3, 34128 Kassel, Tel.: 0561-884587, Fax:
05619882855

FortSchritt, **Verein zur Verbreitung der Konduktiven För-**
derung e.V.,
Moosstrasse 10a, 82319 Starnberg, Tel.: 08151-2041, Fax:
08151-72986

FortSchritt **Sachsen-Anhalt e.V.,**
Dorfstr. 9, 39517 Wendorf, Tel/ Fax 039363-4240

FortSchritt **Waltrop e.V.,**
Remigiusstr. 25, 44359 Dortmund, Tel.: 0231-331950, Fax:
0231-339840,

FortSchritt **Würzburg e.V.,**
Am Hölzlein 116, 97076 Würzburg, Tel/Fax 0931 2785576

3. Vereine Schritt für Schritt

Schritt für Schritt e.V. **für den Kreis Gütersloh,**
Westbarthauser Str.75, 33829 Borgholzhausen, Tel.: 05421-
4229, Fax: 05421-4208

Schritt für Schritt, Institut für ganzheitliche Kindesentwick-
lung gGmbH,
Alsterterrasse 2, 20354 Hamburg, Tel.: 040-447262, Fax:
040-447276,
e-mail: schritt@gls-hamburg.com, Internetadresse: **http://**
www.gls-hamburg.com/schritt-für-schritt

4. Sonstige:

Saarländische Elterninitiative bewegungsbehinderter
Kinder (SebK), Ludwigstr. 12, 66583 Spiesen-Elversberg,
Tel.: 06821-78877

5. Vereine im Rahmen der Spastikerhilfe

Astrid-Lindgren-Haus, Heilpädagogische Tagesstätte (des
Vereins für Körper- und Mehrfachbehinderte e.V., Kempten),

Schwalbenweg 63, 87439 Kempten, Tel.: 0831-59113-30, Fax: 0831-94541

Sonderkindergarten KB des Heilpädagogischen Therapiezentrums **(HTZ) gGmbH,**
Bevenwijker Ring 2, 56564 Neuwied, Tel.: 02631.96560, Fax.:02631-55773

Spastikerhilfe Berlin e.V., „Igelgruppe", Prettauer Pfad 23-33, 12207 Berlin, Tel.: 030-810720

Verein zur Förderung spastisch gelähmter Kinder und anderer Körperbehinderter e.V.,
Zerzabelshofstr. 7. 90478 Nürnberg, Tel.: 0911-49606

Zentrum für Konduktive Förderung im St. Nikolaus Stiftshospital, Hindenburgwall 1, 56626 Andernach, Tel.: 02632-4040, Fax: 02632-4045272

6. Einrichtungen mit Konduktivem Angebot, neben traditionell additiven Angeboten:

Institut Kinderneurologie Königstein, Herr *Dr. med. Rochel,*
City-Arkaden, Kirchgasse 9, 61462 Königstein/Taunus, Tel.: 06174-9247-0, Fax: 06174-924747

Interdisziplinäres Therapiezentrum Haus Franken GmbH, Verhaltensmedizinische Fachklinik für Kinder und Jugendliche,
Störnhofer Berg 15-17, 91365 Unterleinleiter, Tel.: 09194-721-0, Fax. 09194-721-181

Kinderzentrum München und Sozialpädiatrisches Zentrum des Bezirk Oberbayern, *Prof. Dr. H. von Voss,*
Heiglhofstr. 63, 81377 München, Tel.: 089-71009-0, Fax: 089-71009-148

Sozialpädiatrisches Zentrum an der Kinderklinik Neunkirchen-Kohlhof, Ltd. Arzt *Dr. Penner,*
Klinikweg 1-5, 66539 Neunkirchen, Tel.: 06821-363200, Fax: 06821-363365

Sozialpädiatrisches Zentrum an der Kinderklinik Ober-
hausen, Ltd. Arzt *Dr. Pothmann,*
Virchowstr. 20, 46047 Oberhausen.
Tel. 0208.8814111, Fax: 0208.8814114

Stiftung Pfennigparade e.V., Konduktive Abteilung
Barlachstr. 38, 80804 München,
Tel.: 089-30616-208, Fax: 089-30616-456 (Schule)

Zentrum für Frühbehandlung und Frühförderung e.V.,
Maarweg 130, 50825 Köln,
Tel.: 0221-95425002

Forschungsgemeinschaft „Das körperbehinderte Kind",
Institut an der Universität zu Köln, Heilpädagogische Fakul-
tät, *Prof. Dr. Oskamp,* Frangenheimstr. 4, Dienstanschrift:
Klosterstr. 79b, 50931 Köln,
Tel.: 0221-470-5523, Fax: 0221-470-5563

Verordnung, ärztliche

Nach *ärztlicher Verordnung* und laufender medizinischer
Betreuung sowie ständiger *Supervision* wird das Förderkonzept im Rahmen *medizinischer Rehabilitation* komplex organisiert und von *Konduktor-inn-en* durchgeführt.

Konduktive Förderung und Rehabilitation (KFR) erfordert das Zusammenführen medizinisch-therapeutischer Erkenntnisse mit Theorie und Praxis der Psychologie und
(Heil-, Sonder-, Sozial-) Pädagogik sowie der Pflegewis-
senschaften.

Verschmelzen

Die Qualifikationen, mit denen *Konduktor-inn-en* (meist
weiblich) ausgestattet sein müssen, lassen therapeutische,
pädagogische und pflegerische Teilinhalte zu einem einzigen Beruf *verschmelzen.* Dabei geht es nicht um ein Nebeneinanderexistieren unterschiedlicher Aufgaben einzel-

ner Berufe, sondern um einen ganzheitlichen Zugang zu den **Klient-inn-en**.

Verstärkung

Das Erlernen von Verhaltensweisen die auf der Ebene der Verknüpfung von Reiz und Reaktion (S-R Theorien, *Skinner*) liegen, werden im Lernprozess handelnd konditioniert, um bedingte Reflexe zu erzeugen. Dieser Vorgang beinhaltet die Erfahrung der **Verstärkung**, d. h., wird unmittelbar nach Beendigung einer bestimmten Aufgabe ein „verstärkender Reiz dargeboten", erhöht sich die Wahrscheinlichkeit, dass unter gleichen oder ähnlichen Bedingungen die gleiche Aufgabe wieder gelöst wird. Es wird zwischen positiver und negativer **Verstärkung** unterschieden. Bei positiver Erfüllung einer Aufgabe wird in Form von Anerkennung oder sozialer Belohnung das Mittel der primären **Verstärkung** eingesetzt. Negative **Verstärkung** bedeutet die Herstellung eines unlustbetonten Reizes, also Herstellung eines unangenehmen Gefühles, dessen Wiederholung vermieden wird. Diese „Strafe" bewirkt das Gegenteil der **Verstärkung** und soll die Hemmung oder auch Löschung der ungewollten Reaktion oder Verhaltensweise hervorrufen. Zur **Verstärkung** bestimmter Lernprozesse – also auch in der konduktiven Förderung und Rehabilitation – ist Belohnung gegenüber Strafe zu favorisieren.

Im Gruppenalltag gilt es, einerseits durch konsequente Planungen dem Kind einen Orientierungsrahmen zu schaffen, andererseits durch kreative und situativ geschickt gewählte **Verstärkung**, Aufmerksamkeit, Konzentration und Lerneifer der Kinder aufrecht zu erhalten.

Vielfalt

Die **Vielfalt** von **Konduktiver Förderung und Rehabilitation (KFR)** findet sich in einem komplexen Programmangebot für die körperlichen, seelischen, intellektuellen, sozialen und lebenspraktischen Belange des Kindes oder Erwachsenen. Der zwischenmenschliche Bezug wirkt motivierend und schafft eine anregende Atmosphäre des Übens, Spielens und Lernens.

Voraussetzungen

Konduktor-inn-en machen als *Voraussetzung* zur Aufnahme in die Gruppe Richtlinien geltend, z. B.:

1. Das Vorhandensein einer zerebralen Schädigung, wie spastische Tetraplegie, spastische Diplegie, spastische Hemiplegie, Ataxie, Athetose.

2. Das Kind kann trinken, kann Nahrung beißen und schlucken (keine Sondenernährung),

3. Das Kind muss nicht kontinent sein.

4. Das Kind kann einfache Aufforderungen und Sätze verstehen. Es besitzt ansatzweise aktives und passives Sprachverständnis.

5. Das Kind hat einen Bewegungsdrang, ist körperlich belastbar, anfallsfrei, in gutem Allgemeinzustand.

6. Das Kind ist kontaktfähig und motivierbar, im Ansatz gruppenfähig.

7. Die Differenz zwischen Lebensalter und Entwicklungsalter ist unbedeutend.

(Vgl. *Weber, Rochel* 1992)

Andere Projekte nennen als *Voraussetzung:*

- ein passives Sprachverständnis,
- körperliche Belastbarkeit,
- Anfallsfreiheit,
- Kontaktbereitschaft,
- Motivierbarkeit

Die Kinder werden durch eine ausführliche kinderneurologische sowie orthopädische Untersuchung voruntersucht, um Kontraindikationen auszuschließen.

Schließlich nennt eine andere Einrichtung:

Die Teilnahme an der Therapie erfolgt neben den individuell zu prüfenden *Voraussetzungen* (Entwicklungsstand, kommunikative Möglichkeiten, Prognose) ausschließlich unter folgenden Bedingungen:

- Vorstellung im Rahmen einer Voruntersuchung
- Verordnung der Therapie über den Hausarzt bzw. Kinderarzt
- regelmäßige Vorstellung bei dem behandelnden Arzt (nach Absprache)
- Verpflichtung zur möglichst regelmäßigen Teilnahme (Abbruch bei längerer unbegründeter Abwesenheit)
- Mitteilungspflicht der Eltern über alle maßgeblichen und für die Therapie bedeutungsvollen Veränderungen beim Kind.

Darüber hinaus regelmäßige Vorstellung in der Ambulanz einer Kinderklinik.

Um Teilaspekte einer Förderung in ihrer Zusammenführung, also *Konduktion*, zu akzeptieren und inhaltlich in geeigneter Weise systematisch als Angebot von Problemlösungswegen aufzuarbeiten, sind *Grundvoraussetzungen*, d. h. ärztliche und konduktive Verantwortung sowie Supervision bzw. der notwendige Förderzeitraum zu beachten. Auch muss geklärt werden, wie Beratung und Nachbetreuung für betroffene Eltern und Angehörige gestaltet sein sollte, weil es wichtig und notwendig ist, Sorgen, Ängste, ja oft Verzweiflung zu erkennen, ernst zu nehmen und mit Rat begleitend zu helfen.

Zentralnervensystem (ZNS)

Das zentrale Nervensystem (*ZNS*) besteht aus Gehirn und Rückenmark. Außerdem gibt es das periphere Nervensystem (Hirn- und Rückenmarksnerven und Ganglienzellen) und das vegetative Nervensystem (N. sympathikus und N. parasympathikus), das lebenswichtige Funktionen weitgehend ohne Willen steuert.

Bei den willkürlichen Funktionen z. B. des Bewegungsapparates bedarf es des Zusammenspiels zwischen *Zentralnervensystem (ZNS)* und peripherem Nervensystem, indem die Spinalnerven (aus Rückenmark und Wirbelsäule austretende Nerven) eine Verbindung zwischen Rückenmark (*ZNS*) und peripherem Nervensystem herstellen. Von außen nach innen geleitete Reize (z. B. Druck- oder Wärmeempfindungen) werden über die sensorischen (afferenten/sensiblen) Bahnen von der Peripherie zum *ZNS* geleitet. Umgekehrt werden Meldungen des *ZNS* zur Peripherie (z. B. Muskelspannung, Bewegungen) über die motorischen (efferenten) Bahnen geleitet.

Um einen Bewegungsimpuls vom Gehirn zur Muskelfaser zu senden, muss er über Nervenfortsätze (Neuriten) geleitet werden.

Zerebralparese, infantile / frühkindliche

Zerebralparese (auch CP, oder ICP) bedeutet wörtlich Hirnlähmung. Tatsächlich zeigen sich Schädigungen im Hirn i. d. R. als motorische Fehlsteuerungen in Form von Spastik, Athetose, Ataxie oder, am häufigsten als Mischformen. Bewegungsstörungen sind jedoch nur ein, wenn auch der grundlegendste Aspekt im komplexen Bild der *Zerebralparese.* Im Laufe der ersten Lebensjahre bilden sich bei Kindern oft aufbauend eine Reihe weiterer Fehlfunktionen (z. B. Sprachstörungen, Hör- und Sehstörungen, Reizverarbeitungsprobleme und Fehlverhalten hinzu.

Art und Grad der Schädigungen hängen zum einen vom

- Zeitpunkt des Eintritts ab (z. B. infantile, also frühkindliche durch Sauerstoffmängel oder Infektionen vor, während oder nach der Geburt) bzw. von
- der Region im Gehirn ab, in der Hirnzellen beschädigt bzw. abgestorben sind.

Ziele

Ziel ist eine weitgehende Unabhängigkeit von Hilfsmitteln bzw. Personen (*„Orthofunktion"*)

- im Bereich der perzeptiven Möglichkeiten, motorischen Grundfähigkeiten und koordinativen Eigenschaften (Wahrnehmungs- und -verarbeitung, Sitzen, Stehen, Gehen, Laufen, Feinmotorik),
- der intellektuellen und sozial-emotionalen Fähigkeiten (Sprache, Kulturtechniken, psycho-soziales Handeln) sowie
- des lebenspraktischen Handelns (Essen, Kleiden, Hygiene).

Zielgruppen

Konduktive Förderung und Rehabilitation (KFR) ist anzuwenden bei Kindern mit mittelschwerer bis schwerer infantiler *Zerebralparese*, wenn sie in der Lage sind, über Sinneswahrnehmungen Aufforderungen zu verstehen und die *Motivation* zu deren Umsetzung geweckt werden kann. Das Kind muss (mindestens ansatzweise) in der Lage sein, sich in eine *Gruppe* zu integrieren, um die positiven gruppendynamischen Prozesse für sich ausnutzen zu können und u. a. durch Imitationslernen konstruktiv learning by doing zu verwirklichen.

Bei Erwachsenen wird Konduktive Rehabilitation bisher erfolgreich bei Personen nach *Apoplex,* mit *Hemiplegien,*

Multipler Sklerose bzw. ***Parkinson-Syndrom*** vor allem in Ungarn, Österreich und Großbritannien angewandt.

Anhang

Australien:

Brisbane, Australia
http://www.uq.net.au//zzgeebss/

Dänemark:

Fokus pa Petö-paedagogikken
http://www.aaa.dk/vidense/info9702/3.htm
Petö Gruppen
http://inet.uni-c.dk//refsnaes/peto.htm

Großbritannien:

Cerebral Palsy/Conductive Education
http://www.hsrc.org.uk/links/arif/conduct.htm
Conductive Education degrees - **School of Education Conductive Education**
http://www.wlv.ac.uk/prospectus/content/courses/sed/x961ba_co.html
Craighalbert Centre, Glasgow, Scotland
http://www.hw.ac.uk/craighalbert/
Foundation for Conductive Education [The]
http://www.caritasdata.co.uk/charity0/ch001860.htm
Foundation for Conductive Education - **Cousin Homepage**
http://www.hants.gov.uk/istcclr/cch16466.html
Hornsey Centre, London, England
http://members.aol.com/smwaite/cd00001.htm
Welsh School For Conductive Education Cardiff, United Kingdom
http://dspace.dial.pipex.com/town/parade/kaf86/index.html

Israel:

Tsad Kadima
http://www.virtual.co.il/orgs/tsad

Kanada:

Ability Camp - Ontario, Canada
http://www.reach.net/netsites/netweb/ontario/county/
camp/ablecamp.html

Independence for Adults with Physical Disabilities
http://www.omod.org/conducti.html

My First Step, Conductive Education Center (Alberta Association for Conductive Education)
http://www.conductiveeducation.com/

P.A.C.E. - Ontario, Canada
http://members.aol.com/jimveleste/cond_ed/canada/
paceintr.html

Malta:

Eden Foundation Conductive Education Center - Malta
http://members.aol.com/jimceleste/cond_ed/malta.html

Neuseeland:

http://www2.waikato.ac.n2:81/education/WeNET/speced/
conded/con html

Niederlande:

Heliomare, NL-1949 EC Wijk aan Zee

Norwegen:

University Hospital of Tromsö
Department of Habilitation
Gimleveien 70, N-9019 Tromsö, Norway

Schweden:

Forsberg & Femling: About Cerebral Palsy
http://www.users.wineasy.se/femling/cerebralpalsy.html

Frösunda Center, Rehab
http://www.frosunda.se/projekt/peto/

Scandinavian Move&Walk Institute i Nassjö
http://www.nassjo.se/movewalk/

Spanien

Instituto Espanol de Educación Conductiva
Residenciaq Carmen Aldave
Dentro Infanta Elena
SP-31190 Cizur Menor (Navarra)

Ungarn:

PETÖ ANDRÁS INSTITUTE for Conductive Education of
the Motor Disabled and CONDUCTOR'S COLLEGE
1025 Budapest, Kütvolgyi út 6. Hungary
Fon ++36-1-2014533
Fax ++36-1-3556649
http://members.aol.com/jimceleste/cond-ed/peto/
petobroc.html

MOIRA Conductive Education Centre
http:www.bme.hu/moira/

BUTTERFLY COMPLEX CONDUCTIVE INSTITUTE
http://www.w3.hu/papillon/

USA:

I.A.C.E.A, Inter American Conductive Education Association
e-mail: IACEA@Worldnet6.ATT.net

Capital Association for CE,Washington, DC, USA
http://members.aol.com/jimceleste/cond_ed/cace/
cace.html

Conductive ED info
http://dem0nmac.mgh.harvard.edu/neurowebforum/
ChildNeurologyArticles/
ConductiveEDinfo.html

Conductive Education
http://dem0nmac.mgh.harvard.edu/neurowebforum/Ce-
rebralPalsyArticles/ ConductiveEducation.html

Long Island, New York, USA (Conductive Education Center
of Long Island)
http://members.aol.com/jimceleste/cond_ed/
long_island/long_island.html

San Jose, California, USA (Beginning Steps to Independence)
http://members.aol.com/begstepsce/index.htm

SPICE - Spokane, Washington, USA
http://www.tincan.org//spice

Spokane, Washington, USA (Association for Conductive Education)
http://www.ieway.com

Step By Step, Millbrae, California, USA
http://members.aol.com/jimceleste/cond_ed/face/
millbroc.html

The Family Village - Conductive Education Resources
http://laran.waisman.wisc.edu/fr/www/general/conducti-
ve-education.html